Rebuilding Parentchild Relationship

重建亲子关系

从依恋到独立的养育真经

解琪 著

电子工业出版社
Publishing House of Electronics Industry
北京·BEIJING

内容简介

为什么现代家庭中的亲子关系越来越疏离？为什么孩子的心灵离父母越来越远，行为变得越来越叛逆？一切的本质都源于亲子关系被破坏、依恋关系被断离，而导致这一切的原因是父母不当的教养方式。父母从成人的角度亲手斩断了与孩子间的依恋关系，导致亲子关系被破坏。

每个孩子从出生起，都会对自己的父母产生一种天然的依恋关系，这种依恋关系是一种安全型依恋关系，也是日后构建亲子关系、孩子健康成长的基础。然而在孩子的成长过程中，父母不当的教养方式却破坏了这种安全型依恋关系，甚至使孩子对父母形成了焦虑型、回避型、紊乱型等不安全的依恋关系，严重影响了孩子的身心发育。

本书可以帮助父母与孩子重新构建健康、和谐的亲子关系，让父母能真正洞悉孩子成长过程中的内心需求，从而改善自己的教养方式，让孩子在一种安全型依恋关系下健康成长，走向独立。

未经许可，不得以任何方式复制或抄袭本书之部分或全部内容。
版权所有，侵权必究。

图书在版编目（CIP）数据

重建亲子关系：从依恋到独立的养育真经 / 解琪著. -- 北京：电子工业出版社，2021.4（2025.9重印）
ISBN 978-7-121-40793-2

Ⅰ. ①重… Ⅱ. ①解… Ⅲ. ①亲子关系-家庭教育 Ⅳ. ①G78

中国版本图书馆CIP数据核字（2021）第046754号

责任编辑：张　昭
印　　刷：河北虎彩印刷有限公司
装　　订：河北虎彩印刷有限公司
出版发行：电子工业出版社
　　　　　北京市海淀区万寿路173信箱　邮编100036
开　　本：720×1000　1/16　印张：13.75　字数：180千字
版　　次：2021年4月第1版
印　　次：2025年9月第15次印刷
定　　价：58.00元

凡所购买电子工业出版社图书有缺损问题，请向购买书店调换。若书店售缺，请与本社发行部联系，联系及邮购电话：(010) 88254888，88258888。
质量投诉请发邮件至zlts@phei.com.cn，盗版侵权举报请发邮件至dbqq@phei.com.cn。
本书咨询联系方式：(010) 88254210，influence@phei.com.cn，微信号：yingxianglibook。

推荐序 1
优秀的家庭教育是给孩子全面成长的天空

俞敏洪

新东方创始人

新东方教育科技集团董事长

前段时间，解琪跟我说，她的新书要出版了，希望我能写个序。

解琪之前是新东方教育科技集团市场营销部和家庭教育研究指导中心总经理，是集团中一位非常优秀的管理者。这一次，她在繁忙的工作中抽出时间写了这本书，并邀请我来写序，我是欣然答应的，这不仅因为解琪是我非常欣赏的同事，更重要的是，我认同她对于教育的深层核心价值观，以及对这个行业的真心热爱。

我曾说过，新东方的落地点是非常功利的，就是帮助学生提高成绩和分数。因为对于中国孩子来说，成绩和分数是他们走向未来的一个重要门槛，我们要帮助他们跨过这道门槛。但同时，我更坚信我们要对孩子的人品、信心和未来进行培养，这也是新东方从 12 年前就开始做家庭教育并坚持至今的重要原因。

拿到解琪的这部作品并真正阅读后，我感叹于她在其中对于亲子关系、亲密关系的透彻讲解。认识她多年，我知道这样深刻的思考绝对不是纸上谈兵，而是建立在她十几年的从业经验及案例资讯的内容总结基础之上的。此前每次跟她聊起家庭教育与亲子关系，我都能感受到她有很深入的思考和很独特的视角。而阅读完本书后，我更是惊叹于解琪在文字上的旁征博引，以及内容上兼顾科学性及可读性的特色，真的有种豁然开朗的感觉。

解琪不仅是一位工作能力出色的高管，还是一位优秀的家庭教育指导专家和一位好妈妈。我本身也是一位父亲，在孩子的成长过程中，我越来越发现家庭教育的重要性。一个孩子真正健康地成长，父母所起到的作用达80%左右，学校起到的作用达15%左右，社会起到的作用达5%左右。只要父母能把孩子成长的要素把控好，孩子的健康成长和发展就会成为一种必然。孩子的性格特征、道德水平、社交能力、学习习惯，以及对知识有没有钻研精神、是否具备克服困难和失败的勇气、是否对自己的未来充满信心……所有这一切重大要素，都离不开父母的影响。

教育从来不是一蹴而就的事情，而是点点滴滴、言传身教所带来的结果，父母不经意间的一句话、一个行为、一个眼神，都会对孩子产生巨大的影响。如果孩子能在父母和周围人的情感包围下长大，这种情感背后所包含的信息就会成为塑造孩子品质的一个重要因素。

当然，现在越来越多的父母已经意识到家庭教育对于孩子成长的重要性，市面上也出现了越来越多的教养类书籍。这些书林林总总，质量参差不齐，很多都是个体经验的总结，缺乏科学性。还有一些专业的心理学类养育书籍则太过晦涩难懂，理论太多，可操作性不强。

而解琪的这本书令我惊喜的另一个原因在于，它是实用性与科学性的极好融合：她选择了亲子关系作为切入点，从依恋关系决定亲子关系引入，内容既包含亲子关系，又囊括亲密关系与原生家庭，直击父母痛点，既有权威的实验、数据作为理论支撑，又是一本难得的能"说人话"的书，在讲道理的同时还提出具体实用的方法。能像解琪这样把枯燥的道理讲得时而妙趣横生、时而感人至深的人，真的为数不多。

在第十二届新东方家庭教育高峰论坛上，我作了一场题为《给孩子全面成长的天空》的演讲。这场演讲中，我提到过三点：用管理诠释家庭教育、重视鼓励的力量、要给孩子时间。这三点是助力孩子全面成长的三把钥匙，也是让孩子成年又成人的必要条件。

首先，什么叫用管理诠释家庭教育？我们知道，在企业中，懂管理的人可能一句话不用说，员工就愿意跟着你一起朝着共同目标努力；相反，不懂管理的人再怎么要求，员工的力量也很难集中在一起。家庭教育也一样，智慧的父母不需要用过多语言教导孩子，就能让孩子在情感、知识、品行的正道上一路向前。许多父母喜欢对孩子说"我都是为你好"，而这恰恰是对孩子的过多干预，是杀伤力非常强的一句话。解琪在书里分析了"我都是为你好"的根源来自父母的爱和控制。在这种爱和控制之下，父母通常会表现得非常爱孩子、关注孩子，却忽略了孩子独立人格的发展。这样的爱，最终会成为亲子关系的痛苦之源。而解琪告诉我们，要解决这个问题，父母就要走出误区，收起自己的焦虑，并且给予孩子充足的信任和安全感，这才是真正为孩子好。

其次，重视鼓励的力量。在教育孩子的过程中，物质激励固然重要，但精神激励和生命的丰富性激励更为重要，因为这个过程既能扩大孩子的眼界，又能扩展孩子的知识面。解琪在本书中指出，糟糕的亲子关系多是从不愉快的沟通开始的，只有愉快的沟通才有助于重建亲子关系。有些父母不善表达，经常给孩子"泼冷水"，忽视对孩子的鼓励，结果导致孩子做事缩手缩脚、唯唯诺诺，扼杀了孩子独立解决问题的能力和自信心。这样的孩子，长大后就会经常陷入担心和自我怀疑中，而一旦遭遇较大的伤害，就会表现出极大的攻击性行为。因此，真正为孩子好，是接纳他们的情绪，了解他们的真实需求，然后提出合理的建议，积极鼓励他们，让孩子愉快地前行。

最后，要给予孩子高质量的陪伴。解琪在本书里分析，有些孩子不爱黏着父母，其实是对父母的一种回避型依恋。有的父母工作过于繁忙，无暇顾及孩子，亲子关系就会疏远。尤其是常年在外务工的父母，把孩子放在老家由老人带，这些孩子更容易出现这种问题。亲子间的情感连接是需要持续不断的互动的，一旦这种连接长时间断裂，"回避"便成了孩子最无奈的选择。父母是孩子最初的人生指引者，作为父母，陪伴孩子的时间越多越好，哪怕与孩子在一起时一句话都不说，只要你的行为是对的，就会潜移默化地影响孩子。

那么，我们到底要给予孩子怎样的爱呢？

解琪在书里结合海因茨·科胡特的自体心理学和唐纳德·温尼科特的"足够好的母亲"研究给出了自己的理解。真正爱孩子的父母，会在孩子不同的成长阶段给予孩子"刚刚好"的"抱持"——既能满足孩子早期的各种生理需要，又不会过多干涉孩子。也就是说，父母与孩子之间要保持一个合理的距离，与孩子形成一种适度的依恋关系。当父母越能把握好这个距离和关系时，孩子就越有能力与父母实现早日分离，顺利地走向独立。

总之，孩子与父母之间形成的安全型依恋关系，是孩子健康成长的有力基石。相信父母们看完解琪的这本书后，一定会对亲子关系、亲子沟通有更多的思考和理解，并结合自己的实际情况，给予孩子最科学、最恰当的养育。

人生本来就是从一个门槛迈入另外一个门槛、从一道风景走向另外一道风景、从一座山峰走向另外一座山峰的过程。家庭教育更是如此。新东方有一个口号是："A Better You，A Bigger World！"希望通过阅读这本书能让我们成为更好的父母，从而带领我们的孩子走向一个更大、更光明的世界。

推荐序 2
教育是为了让孩子能够自由飞翔

佟新
北京大学社会学系教授
博士生导师

解琪的这本新书《重建亲子关系：从依恋到独立的养育真经》终于出版了，我除了要祝贺她，还由衷地为她感到高兴。

她希望我为这本书作序，我不假思索地答应下来。不仅因为解琪是一位我非常欣赏的成功的女性企业家，还因为家庭教育是孩子人生的起点，良好的家庭教育能够为孩子一生的幸福奠定基础。

2015年，在纪念第四次世界妇女大会在北京召开20周年的时候，我写下《现当代知识女性共同体的发展》一文，认为世界妇女大会的召开，为现当代知识女性共同体的发展提供了重要的契机。知识女性共同体的形成和行动是社会转型期的中国女权主义理论和实践的重要内容。像解琪这样的当代优秀女性企业高管，能够站出来发声，承担自己社会责任的同时，还能将自己的观点传播出去，这对于广大女性来说本身就是一种莫大的激励。10年前我曾做过一个关于女性企业家的调查，结果表明女性企业家的工作能力并不逊色于男性。解琪的表现，也充分证明了这一点。

工作上的出色是一方面，另一方面，解琪还是一位非常优秀的家庭教育研究者。在这本书中，她结合了自己十几年的从业经历及案例咨询经验，对亲子关系、亲密关系、原生家庭等问题进行了透彻的分析和探讨，解答了许多家长在养育孩子过程中所遇到的困惑。

解琪的很多观点都与我不谋而合。

作为一名北京大学的教授，我常说，北京大学有两类学生：一类是有明确的目标并为之付出努力的学生，最后都颇有成就；另一类虽然很聪明，但缺乏目标，这样的孩子很容易迷失自己，最后也往往一事无成。在这样一个快速发展的时代，教会孩子树立自己的目标、不因外界的诱惑而迷失自我，是所有家长、老师共同的责任，同时也是我关注家庭教育的初心之一。家庭是社会的细胞，家庭教育作为大教育的组成部分，也是学校教育与社会教育的基础。"家庭是人生的第一所学校，家长是孩子的第一任老师。"人的现代化始于家庭和家庭教育的现代化，帮助孩子扣好人生的第一粒扣子是父母的天职。

在2019年第十二届新东方家庭教育高峰论坛上，我有幸受邀作了题为《守住初心，才有未来》的主题演讲。在这场演讲中，我提到了2018年做过的一个问卷调查。调查中发现，有接近40%的孩子面对压力时不会表达和倾诉，这其中既有孩子性格的原因，也有家长的责任。我一直认为，作为父母，我们一定要学会倾听孩子的心声。很多父母明明很爱孩子，但总是走不进孩子的内心。在这本书里，解琪认为亲子关系疏离的本质原因，是由于父母不当的教养方式所致，是父母从成人的角度亲手斩断了与孩子间的依恋关系，导致亲子关系被破坏；是父母的否定，导致孩子对父母形成了焦虑型、回避型、紊乱型等不安全的依恋关系，严重影响了他们的身心发育。

其实，孩子的世界天马行空，他们思考和热衷的事情或许不是我们想让他们做的那些，但是一定不要立刻否定孩子，而是应该对他说，我觉得你说的有道理，或者重复一下他的话，告诉他你对他说的事情很感兴趣，鼓励他把事情阐述完，再把自己的建议说给他听，让他自己思考解决问题的办法。

在演讲中，我还分享了调研中发现的另一个问题：接近85%的高中生认为自己有压力，初中生中则有60%的孩子觉得自己有压力。这些压力究竟来自哪里？数据告诉我们：95%的压力来自学业。

我常常会跟家长讲，不要和孩子纠结"为什么这次你没有考进前三"这类的问题。要知道，孩子自身是有动力、有压力的，他们自己也想考好，然而当我们盯着孩子的成绩时，就会给他们带来更大的压力。如果压力长期得不到倾诉和疏解的话，就会对身心造成极大的伤害，不利于他们的成长。解琪在这本书里，对于亲子关系的重构、缓解孩子的压力也写了很多。真正为孩子好，是接纳他们的情绪，了解他们的真实需求，然后提出合理的建议，让孩子愉快地前行。从社会学和心理学的角度来讲，就是五个字：宜疏不宜堵。我们与孩子始终都是平等的，不存在上下级关系。当我们真正静下心来与孩子平等交流时，就能很快发现孩子的真实需求，这种方法远比"我都是为你好"，并把这种"好"强加给孩子有效得多。

最后，通过调查我们还发现，从小立有志向的孩子，未来可期。有理想、有人生规划的孩子，成绩大多都很好。就像我前面提到的北大两类学生中的第一类，孩子只有明确了自己的目标，才不会迷失自我。所以作为家长和老师，我们要做的就是从生命的意义上，让我们的孩子有机会去畅谈人生的目标、理想、困惑。在这本书中，解琪举了很多自己和儿子的例子，通过平时和孩子的相处，她发现依恋是亲子关系中一个非常重要的方面，它既是孩子安全感的重要来源，也是形成良好亲子关系的基础。为什么很多孩子变得抑郁了？就是因为这些问题得不到正常的、正确的、他们想要的解答。当他们的苦闷找不到出口时，就可能走向我们并不期望的那一面。只有与家长建立起安全型依恋关系，孩子才会更愿意和家长沟通，也会更有可能成为一个健康而幸福的人。

斯宾塞认为，父亲是孩子通往外部世界的引路人。在教育孩子的过程中，无论性格培养还是情感教育，无论知识训练还是道德品质的养成，父亲都有着巨大的影响力。而实际上，在养育过程中，父母双方的角色都很重要，正如他的另一句名言所言："作为父母的你绝对要清楚，孩子的性格，几乎完全取决于你的教育方式。"幸而，越来越多的父母意识到了这一点，也开始重视对孩子的教育。只可惜，如今市面上家庭教育类书籍纷繁复杂，质量良莠不齐，有些书甚至仅仅是基于个体经验的集合，并不具有普适性；而有些书又晦涩难懂，让人望而却步。

这也是我推荐解琪的这本书的原因，她的书中既有心理学理论和经过验证的专业实验，又有自己的亲身经验、体悟和可操作性极强的方法，从而可以有效地帮助父母与孩子重新构建起健康、和谐的亲子关系，让父母能真正洞悉孩子成长过程中的内心需求。

　　我们都期望自己的孩子从小学习做人、从小学习立志、从小学习创造。我想，这三大期望也是我们所有老师、家长内在的期望。每个孩子都是天使，他们带着爱和快乐来到我们身边，他们对生活充满好奇和求知的欲望，他们的潜力也超出了我们的想象。只要我们给予孩子足够的情感支持，孩子就一定会坚定、自信地迈向自己的人生。毕竟，所有教育都是为了让孩子能够自由地飞翔。

自序
安全型的依恋才是最好的爱

孩子从出生那一天开始，就与养育者之间形成一种独特的、区别于其他情感的亲子依恋。我们把孩子与养育者之间的这种关系称为安全型依恋关系。这种感情会伴随孩子的一生，而且会影响孩子日后的人格发展、社会关系、情感控制等。

我在做《解琪有约》家庭教育栏目的过程中，接触到大量的家长和孩子，同时也接触到各种各样的亲子关系问题。我发现，大部分家长都不知道该如何与孩子沟通。孩子与同学、朋友、老师都相处融洽，唯独跟父母沟通困难，这也导致亲子关系越来越紧张，有些甚至达到了水火不容的地步。明明小时候都是听话的小乖乖，是搂着爸爸妈妈脖子撒娇的小可爱，为什么越长大反而越不听话、越不懂事了呢？

要回答这个问题，我先给你们讲个故事。传说在西班牙的一个小镇上，有一天，爸爸乔治和他的儿子帕克发生了激烈的争吵，帕克一气之下离家出走了。乔治发现后，既伤心又担心，同时也意识到没有什么比自己的儿子更重要，他想要马上找回帕克。于是，乔治就赶紧到附近的一个知名购物中心去张贴寻人启事，并在寻人启事上写道："回家吧，帕克，我爱你！我每天都在这里等你！"

第二天，乔治一大早就来到购物中心，想看看儿子帕克是不是已经在那里了，结果发现，购物中心门口站着 7 个名叫帕克的孩子。原来，这些孩子都是离家出走的，他们都希望自己的父母能召唤自己回家。

这个故事说明什么问题呢？

孩子其实并不是真的要忤逆父母，与父母对着干，相反，每个孩子都与父母有着一种依恋关系，这种关系不管遇到什么困境都不会改变。可是，孩子为什么还会离家出走？或者是与父母顶嘴、叛逆、任性，出现各种各样的问题行为呢？

原因就在于父母的教养方式破坏了与孩子之间的依恋关系，使孩子对父母陷入一种不安全的依恋关系中，如焦虑型依恋、回避型依恋和紊乱型依恋等。在这些不安全的依恋关系中，孩子就会表现出各种各样的问题行为，让父母头疼不已。

那么，我们要怎样帮助孩子远离不安全的依恋关系，形成安全型依恋呢？这也是我创作这本书的初衷。

在本书中，我通过自己的个人经历和经验，以及做过的大量咨询个案，向大家阐明：到底什么样的关系才是安全型依恋关系？这种关系对于孩子的成长具有哪些积极的影响？我们明明很爱孩子，却走不进孩子的内心，原因在哪里？我们要怎样做，才能真正"看见"孩子、读懂孩子，弄清孩子问题行为背后的心理动机，修复与孩子的亲子关系？如果孩子不够优秀，我们能否真心地尊重他、接纳他、信任他？《亲密关系——通往灵魂的桥梁》一书的作者克里斯多福·孟曾说："开始和维持一段亲密关系背后的真正动机，其实在于需求。"对于孩子同样如此。我们口口声声说自己爱孩子，一切都是为了孩子，给予孩子最好的物质生活，但这所谓的"爱"真的是孩子需要的吗？孩子到底需要怎样的爱呢？……

我想，这些应该都是家长们非常渴望获得答案的问题。在这本书中，我会一一尝试给予解答。

有人说，幸福的人的一生都在被童年治愈，而不幸福的人的一生都在治愈童年。可以说，与孩子构建安全型依恋关系，就是孩子生命前几年里最重要的议题，它不仅决定了你与孩子日后的亲子关系，还决定了孩子是否能从父母这里获得充足的安全感、自信心，逐渐从对你的依赖走向身心的独立，从而勇敢地面对自己的人生。

父母给予孩子的爱与付出，是孩子童年最宝贵的养分；父母与孩子之间构建起的安全型依恋关系，则是孩子成长过程中最安全、最有力的堡垒。希望通过这本书，我们能够实现一个共同的愿望，那就是给予孩子最宝贵的成长养分，让他们在父母安全、有力的支持下，坚定、自信地迈向自己的人生。

目录

第一章　依恋关系决定亲子关系的质量

1. 母子情深：好关系比金子还珍贵 / 003
2. "我都是为了你好"：中国式亲密关系 / 008
3. 不黏妈妈的孩子真的好吗？ / 014
4. 受伤的孩子：被切断的情感连接 / 019
5. "我爱你，但是与你无关"：安全型依恋的建立 / 023

第二章　亲子修炼：重建亲子关系的五大通道

1. 信任：好关系源于彼此的信任 / 031
2. 欣赏：相信你的孩子是独特的 / 035
3. 尊重：爱他，就如他所是 / 040
4. 接纳：发自内心地接受孩子本来的模样 / 046
5. 合作：默契的合作可以打开秘密花园之门 / 050

第三章　原生家庭：让人既爱又恨的依恋系统

1 "都是你的错"：对婚姻不幸福的误解 / 058

2 紊乱的婚姻养育出紊乱的孩子 / 061

3 阻碍亲密关系的四个"怪兽" / 065

4 拆破合谋：重建亲密关系的四项修炼 / 070

5 角色定位：不同阶段父母的角色转变 / 074

6 即使分手，也请少给孩子一点伤害 / 080

第四章　亲子误会：孩子问题行为背后的心理动机

1 "冰山理论"：你对孩子的误会有多少 / 087

2 "明知故犯"说脏话、说狠话——寻求关注 / 093

3 突然变得固执、任性——争夺权力 / 096

4 发脾气，出现攻击行为——向父母求助 / 100

5 某些方面能力不足——依赖心理作祟 / 104

6 胆小、懦弱，被欺负也不敢吭声——缺乏安全感 / 108

7 互相比较——来自"同伴压力" / 112

第五章　重构关系：亲子关系胜过高明的教养技巧

1 糟糕的关系源于控制、焦虑与夺权 / 119

2 处理孩子负面感受的三种沟通方式 / 124

3 刺猬法则：重构恰当的亲子边界 / 128

4 从"糟糕陪伴"到"走心陪伴" / 132

5 从"隐性爸爸"到"显性爸爸" / 137

6 好关系是青春期的重生密码 / 141

第六章 亲子学习：好父母是"园丁"而不是"木匠"

1 孩子的"起跑线"到底在哪儿？ / 150

2 磨蹭、拖延其实是孩子的天性 / 154

3 坚持这一点，让孩子爱学习 / 158

4 教孩子管理时间不等于教孩子听话 / 163

5 考前一个月帮孩子达到最佳状态 / 167

6 高考后困惑家长的问题，可以提前解决 / 172

第七章 家庭序位："都挺好"的序位让孩子受益终生

1 什么样的家庭序位才能"都挺好"？ / 179

2 相敬如宾是婆媳最好的相处方式 / 183

3 用正确的姿态面对"隔代教养" / 188

4 长幼有序，才能手足情深 / 192

5 重组家庭如何升温亲子关系？ / 198

第 一 章

依恋关系决定
亲子关系的质量

心理学研究认为，每个人都有依附于那些具有支持和保持作用的他人需要，尤其是在幼儿期表现得更为明显。英国精神分析师约翰·鲍尔比将婴儿与养育者之间的这种情感依附称为依恋。一个人与自己、伴侣、亲人之间的亲密关系，通常与自己年幼时期形成的依恋风格高度相关。一个人依恋关系的建立，主要来自年幼时期养育者（主要是母亲）对其积极的回应。这种早期的依恋行为，在一定程度上会影响个人在关系中的情感模式及对他人的期待。

1

母子情深：好关系比金子还珍贵

生活中，每个人都希望拥有良好的亲密关系，诸如夫妻之间、亲子之间、父母之间等。很多人穷其一生都在尝试建立这样的关系，可到最后得到的却是非常糟糕的结果。尤其是亲子之间的矛盾，在今天这个社会里显得十分突出。

虽然爸爸妈妈都希望自己的孩子小时候学习成绩好、长大了工作好，可最终还是希望孩子幸福地生活，希望孩子能面对困境不低头，在生活中充满开心和快乐。几乎所有的家长也都在向这个方向努力。可我发现，身边大多数家长似乎都努力错了方向，以至于孩子长大以后，遇到挫折一蹶不振，人际关系极为紧张，婚姻也不幸福……这到底是什么原因导致的呢？

这些年来，我学习了大量的精神分析心理学书籍和课程，从中发现，小时候孩子与父母的关系决定着孩子的一生，就是我们通常所说的原生家庭的影响。而在这种关系中，母子或母女关系占第一位，母子或母女关系也决定了孩子最基本的安全感和存在感。作为孩子生命里的第一位重要人物，母亲在孩子 0~3 岁人格形成的关键时期扮演了至关重要的角色，这一点我深有体会。

母子情深：我与儿子嘉嘉的故事

我的儿子嘉嘉在满月后都是由我父母照顾的，我和嘉嘉爸爸工作比较忙，每天陪伴他的时间并不多。身在教育圈的我，太了解隔代教育带来的问题了。眼看着嘉嘉一天天长大，隔代教育在他身上留下的印记越发明显：他没有办法独立吃饭；他遇到哪怕是很小的问题也要第一时间寻求大人的帮助；他遇到新的事物时，也很少愿意主动尝试……

我和嘉嘉爸爸思前想后，最终决定尽早送嘉嘉去幼儿园。在决定要送嘉嘉去幼儿园之前，我就开始有意无意地向他提起幼儿园，希望可以帮助他建立起对幼儿园的好感和好奇心，让他对那里的生活拥有一份期待。比如，嘉嘉很喜欢玩具汽车，我们会带他一起去认识书里各式各样的车。当他指着校车歪着头问我："妈妈，这个是什么车呢？"我就会抓住机会说："这个是校车啊！幼儿园里就有这样的车，非常宽敞，非常漂亮，所有小朋友都可以坐在里面。"当他在游乐场玩小汽车玩得不肯离开时，我也会说："嘉嘉你知道吗？幼儿园也有这么棒的车哦！"

终于有一次，嘉嘉问我："妈妈，幼儿园在哪里？在很远很远的地方吗？"我心中暗喜，马上把他带到阳台上，指着对面的幼儿园告诉他："你看，那栋漂亮的房子就是幼儿园，里面有很多小朋友。"按照我们惯常的沟通模式，接下来他会一直问："还有什么呢？"我从大脑里努力地搜寻答案："还有很多很好玩的玩具！""还有会讲故事的老师！""还有很多很好看的书！"……

当他的问题一直重复到我搜肠刮肚的答案山穷水尽时，他也急于想进入幼儿园了。在正式入园的前一夜，我跟嘉嘉聊了很多第二天在幼儿园里可能会发生的事及如何应对的话题。

第二天，我带着嘉嘉正式入园了。刚到幼儿园时，嘉嘉还表现出有些紧张的样子，因为他发现原来这里的人很多，虽然每个人看上去都很友善，可毕竟对他而言还是陌生人。

老师很快就领走了他，我悄悄地躲在一旁观察。小家伙一副害怕又强忍着的样子，一直用眼神左顾右盼地寻找我，虽然没有哭，但也完全没有跟上老师的节奏，甚至根本不搭理老师。我不免有些心酸，安慰自己要相信他，这是他的世界，应该让他自己去感受、去开拓，于是狠狠心，我转身离开了幼儿园。

到了放学时，我来接嘉嘉，没想到在幼儿园门口就发生了一幕"母子情深"。嘉嘉一看到我，马上抛开老师，向我飞快地跑过来。结果不小心，还摔了一跤，但他爬起来还是扑向我的怀抱。看着他那种欲哭欲笑的样子，我蹲下来，深情地拥抱他，他很快变得开心起来。后来我接触了依恋理论以后，才真正明白自己当时对他的那一抱，意义有多么重要。

依恋理论的提出及依恋类型

通过嘉嘉上幼儿园这件事，我开始思考：什么是把人与人连在一起的基础逻辑呢？它既不是喜欢的玩具，也不是美味的食物，而是人类最基本的情感。依恋，恰恰是人类最强烈、最基本的情感。正因为依恋的存在，我们就很容易理解为什么幼儿园门口经常会上演"母子情深"的一幕了。

什么是依恋？简单地理解，就是孩子和自己的父母，尤其是和母亲之间的亲密关系。比如，我儿子很小的时候，他向我发出微笑，我向他回以微笑，这时儿子整个人都是快乐的；还有我和儿子分开一天，一见面他就寻求拥抱……这些亲密互动都是最简单的依恋关系。可以说，依恋是亲子关系中一个非常重要的方面，它既是孩子安全感的重要来源，也是形成良好亲子关系的基础。由此，我们就能理解为什么会上演"母子情深"的一幕。

英国精神分析学家约翰·鲍尔比（John Bowlby）为此推出一个重要理论，即依恋理论。鲍尔比认为，在很大程度上，一个人生命中的最初的那段关系（母婴关系）决定了他今后能否获得快乐和幸福。后来，美国心理学家玛丽·安斯沃思（Mary Ainsworth）通过"陌生情境实验"观察婴儿在实验室情境中的各种反应，得出了依恋的三种模式，即安全型依恋、焦虑型依恋和回避型依恋。

当时，安斯沃思还有一位得力的学生，名叫玛丽·梅恩（Mary Main）。她发现，在陌生的情境中，有的婴儿的行为并不属于上面三种类型，于是她将这一类型定义为紊乱型依恋。现在我们可以综合起来看一下，这几种类型的依恋表现是什么样的。

(1) 安全型依恋

此类型的依恋是孩子的需求得到妈妈及时的回应和满足。这时，他们会表现得非常高兴，愿意接近妈妈，期待妈妈的拥抱，习惯于微笑着向人打招呼。

这样的孩子长大后，对于亲密关系和相互依赖的感觉表现得很自然，为人乐观向上，积极热情，并愿意与人交往。

(2) 回避型依恋

此类型的依恋是孩子的需求常常被忽视，常常得到冷漠的回应。当妈妈一旦离开再回来后，他们就会拒绝面对妈妈，表现得闷闷不乐，或是入迷地玩玩具、看电视。

这样的孩子长大后，会对自己与他人的关系时刻保持警惕，内心渴望与他人建立亲密关系，但又不接受自己的亲密对象与他人有密切关系，否则就会形成嫉妒心理。

(3) 焦虑型依恋

此类型的依恋是孩子的需求时而被回应，时而被拒绝，既想靠近又想反抗。当妈妈离开又回来后，他会大哭不止，不愿意理会妈妈，也不会寻求拥抱，或拒绝妈妈的主动拥抱。

这样的孩子将来更倾向于依赖自己，对他人很冷漠，无法与他人建立亲密关系。

(4) 紊乱型依恋

此类型的依恋是孩子的需求被忽冷忽热地对待，无法预料。这样的孩子内心其实是期待与他人建立亲密关系的，但同时又害怕受到伤害，表现出犹豫、抗拒的状态；他们平时的自我评价很消极，怕被拒绝、伤害。

这样的孩子长大有了亲密关系之后，经常会担心被抛弃，内心总是带有恐惧感。另一半不在身边时会特别不安，而另一半在身边时又会感到厌倦。严重时甚至需要介入治疗。

通过以上四种类型的分析比较，我们可以发现，"母子情深"的根源是母子间形成了安全型的依恋，这是一种非常健康的依恋关系，而其他三种类型的依恋则属于不安全的依恋。我们要与孩子建立亲密关系，就要学会发展安全型依恋，破解不安全型依恋，让孩子成为一个健康而幸福的人。

2

"我都是为了你好"：中国式亲密关系

记得多年前，我和嘉嘉爸爸一起看了一部新加坡电影《小孩不笨》，这部电影给我的印象很深。整部电影是围绕着三个孩子拍摄的，里面的三个孩子分别叫国宾、文福、泰瑞，三个孩子平时的学习成绩都不太好。

其中，国宾只喜欢画画，不想学习。国宾的妈妈则希望孩子将来不要活得像自己那样辛苦，因此对国宾的期望很大，这让国宾备感压力。国宾妈妈平时的管教方式也是奉行"棍棒下出孝子"的模式，对儿子严加管教。在这种重压之下，国宾多次出现自杀倾向。后来，国宾还是坚持画画之路，并在绘画方面取得了优异的成绩。

文福的学习成绩也不好，父母整天只知道忙生意，对他根本无暇照顾，他只能放任自流。但文福为人很讲义气，爱帮助朋友，后来有韧性的文福被就读于EM1的表哥刺激到了，于是开始了自己的奋斗旅程。

泰瑞的家庭条件比较优越，属于典型的富二代，同时也是一个"妈宝男"。泰瑞平时做什么事情都缺乏主见，一点小事都要由妈妈来做决定。在这种优越环境下长大的泰瑞原本应该无忧无虑地生活，可他却一点也不开心。泰瑞妈妈有一句经常挂在嘴边的话，那就是："This is for your own good！"（我都是为了你好！）虽然故事的结尾，泰瑞经历一番巨变，学会了独立思考，但泰瑞这个孩子本身却给我带来了深深的思考。

"我都是为了你好！"这句话大家一定不陌生吧？而且我相信很多中国孩子的耳朵里都已经磨出茧子了。就是这句"我都是为了你好"成了"绑架"孩子最权威的理由，也成了中国式妈妈最具杀伤力的一句话，这句话同时也限制了无数中国孩子的自我发展。这便是典型的中国式家庭关系。

在这种家庭中，父母总是从自己的主观意识中去爱孩子、控制孩子，觉得"我所做的一切都是为了你好"，但他们并没有探求孩子内心真正需要的是什么。从更深层次的原因追溯，很多父母本身就存在着一种"输不起"的心态，正是这种心态，使他们对自己的孩子过度保护、过度期待。在这种情况下，孩子会完全依赖于父母才能获得安全与生存的需要。与此同时，孩子内心对于自我的力量也没有清晰的认知，这时就会更加依赖父母的帮助。

新东方创始人俞敏洪先生曾说过这样一句话：很多家长对孩子所谓的规划并不是规划，而是一种强制，就像把孩子塞到一个大罐子里。孩子要按照家长的要求来成长。这种强迫性的教育方式的确让某些孩子获得了成功，但其成功背后也暴露出这些孩子性格上的缺失。而且在这样的家庭环境中，孩子非常容易发展成为焦虑型依恋，始终想要和父母保持一种完全腻在一起的感觉。当孩子长大结婚后，他们在体验幸福的亲密关系的同时，内心同样也会被恐惧所占有，总是担心另一半有一天会离开自己，所以也想迫不及待地掌控所有。

从心理学角度分析，"我都是为了你好"的根源来自父母的爱和控制。在这种爱和控制之下，父母通常会表现为非常爱孩子，非常关注孩子，但忽略了孩子独立人格的发展；他们紧盯孩子的缺点，围绕孩子的缺点来表达自己的关注；他们过度严厉，导致孩子不敢犯错，心理压力大；他们将亲子关系凌驾于夫妻关系之上，甚至有一部分妈妈认为"老公不重要，有娃就行了"。

我们要认清这样一个事实：这种爱和控制其实也裹挟着父母自己的焦虑，这种焦虑恰恰成了孩子成长的最大压力。基于这种压力，孩子的焦虑型依恋会形成一个恶性循环。美国著名心理治疗师苏珊·富沃德在其《情感勒索》一书中这样写道："你最关心的人，最清楚你的死穴在哪里。你最亲近的人，会把你拖进最持久的战役！"

可能很多家长依然不明白，为什么我这么爱孩子，到最后却成了亲子关系恶化的导火索，成为亲子间的痛苦之源？我又该如何走出这段误区，并与孩子建立亲密关系呢？

我总结了以下几点经验。

走出误区，把你的焦虑收好

我在以往的讲课过程中接触了很多家长，发现大家特别容易陷入这样一个误区："父母都是过来人，社会经验肯定比孩子丰富，很多事都经历过，而且很多人仍然处于自己事业和生活的上升期，所以对自己的行为特别自信，觉得孩子就应该听自己的安排。"这其实是成年人站在"爱"的制高点上，以"爱"的名义控制孩子。更有甚者，有些父母会把这些道理向孩子说教，而自己却根本做不到。

"我都是为了你好！"这本身也是家长自身的一种焦虑，因为"输不起"，所以更害怕失败、更害怕孩子失败。当大人把这种期望转嫁给孩子时，就形成了一种情感敲诈，让孩子的肩头无形中承载了大人的焦虑。

2019年有一部很火的电视剧《小欢喜》，其中三个家庭中所体现出来的教育理念引起了我的思考。在剧中，乔英子这个形象就是在母亲控制教育下成长的代表。虽然已经是学霸了，可每天仍然承受着母亲过高的期望，过得一点也不开心。乔英子对航天感兴趣，在高考誓师大会上，她在许愿气球上写下了自己想要报考航空航天大学的梦想，却被母亲强行要求修改为清华大学和北京大学。这种对孩子的高期待、高要求、严控制，都美其名曰为"爱孩子""为孩子好"，实际上却是对孩子残酷的绑架。

而事实上，孩子不是父母生命和意志的延续品，每个人都可以有自己的理想和生活，孩子也一样。如果你不想因此而与孩子之间形成对立的亲子关系，最好的办法就是走下制高点，放低期待，与孩子进行换位思考。"我都是为了你好"，看似饱含了父母的爱，但这种爱是自私的，更是一种占据高位者的强权。当我们走下这种高位，从孩子的角度思考问题，我们就不会以这种方式对待孩子了，孩子的心态也就放松了，这时重建亲子关系才会成为可能。

给孩子信任才是最大的智慧

"我都是为了你好"的背后，其实也隐藏着父母对孩子的不信任。不信任就不会完全放手，不放手孩子就永远长不大。父母的一句"我都是为了你好"，恰恰像温水煮青蛙，表面上看是一种爱，实质上是让孩子丧失了独立自主的机会。

雏鹰总要学会自己飞翔，作为父母，我们也应该给予孩子多一些信任，这也是修炼亲子关系的五大通道（见第二章）之一。我们要相信，他们有能力面对眼前的问题，即使受到挫折，即使犯错误，也无关紧要，这些难道不是他们成长道路中的经验积累吗？

当你真正信任了孩子后，你就会愿意去了解和接纳孩子内心真实的想法，让他们学会经历人生的每一场风雨，他们才能学会慢慢长大。真正的教育是"放手"，而不是替他们摆平一切，你要告诉他们："不要怕，往前闯，爸爸妈妈始终站在你身后。"父母给予孩子的这种安全感远比黄金还珍贵！

好的沟通才是重建亲密关系最快的方法之一

糟糕的亲子关系多是从不愉快的沟通开始的，只有愉快的沟通才有助于重建彼此的关系。

就拿我自己的家庭来说，有时我的脾气比较急躁，而嘉嘉爸爸脾气比较温和。每当我忍不住要对儿子发脾气时，嘉嘉爸爸总是会拍拍我，对我说："你先去休息会儿，这里交给我！"当我做完饭回来时，发现父子俩已经在一旁玩得不亦乐乎了。我自己也深受嘉嘉爸爸的感染，每次要和儿子发脾气时，都会想想这父子俩，然后再深吸一口气暂时冷静一会儿，等情绪平复了再开始与儿子耐心沟通。当我每次把波澜壮阔、蓄势待发的脾气转化得平静如止水时，我发现亲子间的问题其实并不难解决。

我们与孩子始终都是平等的，不存在上下级关系。当我们真正静下心来与孩子平等交流时，就能很快发现孩子的真实需求。这种方法远比"我都是为了你好"，并把这种"好"强加给孩子有效得多。

上学的时候，我们都学过很多物理学知识，自然明白力与力之间的作用是相互的。当你以一种"爱"的名义控制孩子前行时，孩子自然就会离你越来越远，这时的亲子关系何谈重建？所以，请不要再口口声声说"我都是为了你好"了。真正地为孩子好，是接纳他们的情绪，了解他们的真实需求，然后提出合理的建议，让孩子愉快地前行。

3

不黏妈妈的孩子真的好吗？

我曾在网上看过这样一个帖子，在寒假放假当天，一位老师发出这样的通知："众妈众爸，本尊元气耗尽，需要闭关修炼一个月。拟于今天下午两点放众神兽归山，各回各家，各气各妈。待来年正月，为师满血复活之时再战！"

也有家长马上幽默回复："老师，心态已正，洪荒之力已压制体内，只待神兽归来，以礼相待，如若不降，金箍伺候，再要蹦跶，请出五指山……"

这些帖子看似搞笑，实则也反映出老师和家长的无奈。如今的"神兽"捣蛋招式花样百出，层出不穷，既令人防不胜防，也让老师和家长操碎了心。

很多家长也曾发出这样的感叹：如果我的孩子能懂事一点儿，我就不用这么操心了，那该多好！事实上真是这样吗？懂事的孩子真的没有问题吗？我来给大家分析一下。

不黏人的孩子可能是回避型依恋在作怪

我曾遇到过一位单亲妈妈，当时她的女儿3岁多，一开始她感觉自己的女儿非常懂事乖巧，从不黏人，这让她感觉很幸福，觉得自己不用像隔壁妈妈那样，整天面对调皮捣蛋的儿子头疼不已。可一段时间后，她发现女儿有点过于乖巧了，甚至有时表现得过于冷漠，凡事都没有太大的兴趣。这时她才觉得事情并不是想象的那样美好。

当我了解了这位妈妈的整个养育历程后，我也看到了整个事件背后藏着的更深层的原因。原来这位妈妈是个工作狂，从女儿出生没多久，她就去工作了。为了照顾女儿，她还特意请了一位保姆，专门打理孩子的起居日常。每次回到家时，女儿早就睡了，每天与女儿在一起的时间少之又少。即使和女儿在一起，她也要经常与客户保持着交流沟通。女儿每次想找妈妈一起玩，都会被她以各种理由支开。久而久之，女儿再也不主动来找她了，母女间的关系好像越来越淡了，每次她想主动拥抱女儿时，女儿也表现出超乎寻常的淡定。

这个案例对我的触动特别大，因为我和这位妈妈很像，也是半个工作狂。儿子嘉嘉刚满月我就恢复工作了，嘉嘉多数时间都和我的父母在一起。无论我每天多忙，都会抽出时间陪伴儿子，但我觉得还是会有缺失，以至于嘉嘉后来也出现了一些问题，好在我与嘉嘉爸爸共同弥补回来了。这个我会在后面分享，这里不再赘述。

为什么女儿与妈妈变得不亲了呢？为什么女儿变得过于乖巧了？按理说孩子在小的时候都会黏着妈妈，好动也是孩子的天性，当孩子表现不好动、更加乖巧懂事的时候，其实很可能是回避型依恋在作怪。这种类型的孩子在面对妈妈时通常会表现出冷漠、淡定，俨然一个"小大人"，对妈妈的离开也没有太多的情绪波动。

难道是孩子不喜欢妈妈吗？并非如此。每个孩子的天性中都特别想要得到妈妈的照顾，但出于内心的不敢表达，所以只能把这份渴望藏在心里。你可能很难想象，有些孩子就是"表里不一"，虽然他们很想做一件事，可就是不肯行动。比如，妈妈要去上班了，他们明明很难过，很想留下妈妈，表现出来的却是不在意、不理会；妈妈下班回来了，他们明明很高兴，却仍然假装不开心、无所谓。这其实是一种自我保护机制。

为什么会这样呢？通常来说，孩子的上述表现有以下几种原因。

(1) **有些父母不善表达，与孩子之间缺乏情感和肢体上的互动**

这类家庭通常家教森严，父母中的一方总习惯于对孩子"泼冷水"。孩子其实是特别渴望父母的爱和关注的，更希望与妈妈建立亲密的关系，但如果长时间被忽视、被冷落，他们就不敢再向妈妈表达情感了，因为怕再被忽视、被冷落。所以这类孩子的自我价值体系的建立，多数都来自父母控制下的"褒奖"与"批评"。这种情况可以培养孩子的自省能力，但同时也扼杀了孩子自己解决问题的能力，将来他们也会经常担心和怀疑自己能否拥有长期的亲密关系。而且，他们一旦遭遇到更大的伤害时，往往会表现出极大的攻击性行为。

(2) **父母工作过于繁忙，无暇顾及孩子，亲子关系自然就会疏远**

父母对孩子照顾少，孩子与父母的关系自然就冷淡。尤其是那些常年在外务工的父母,把孩子放在老家,由老人帮忙带,这些孩子更容易出现这类问题。比如,有的孩子小时候被父母留守在老家,等孩子上小学才接到一起生活,孩子一开始感受不到这个"家"是属于自己的,因此也不敢轻易向父母表达情感,行为也更容易趋于回避。亲子间的情感连接是需要持续不断地互动的,一旦这种连接长时间断裂,回避便成了孩子最无奈的选择。

(3)孩子在成长过程中遭遇过一定程度的情感创伤

如果孩子的原生家庭没有太大的问题,但他依旧形成了回避依恋人格,那么一个重要原因可能就是在成长过程中遭受过一定程度的情感创伤。比如,长期遭受校园欺凌,或是被老师经常地过度打压。这些伤害不仅会让他们对自我价值产生怀疑,也容易形成回避型依恋人格。将来在人生道路上遇到任何事情,他们都会首先归咎于是自己的错,而很难客观理性地看待问题。

做"足够好的母亲",而不是做"完美母亲"

父母是孩子的第一任老师,也是他们最初的人生指引者,作为父母,我们该如何去帮助回避型依恋人格的孩子呢?我在做海因茨·科胡特的自体心理学和唐纳德·温尼科特的"足够好的母亲"这两项研究时得到了以下启示。

一个人的认知通常是从自体身心开始的。从心理学的角度来讲,自体可分为真实自体和虚假自体。"真实自体"可以理解为真实的自己,就是我们平时说的"真我";而"虚假自体"是戴着一个"假面具"的自己，是"假我"。

一个人从出生开始就拥有了一个身体自体，而身体自体能否真实地表达，主要在于母亲的回应。母亲对于孩子所有身体的回应、安抚、互动等，其实都在帮助孩子确认自己的身体自体的真实感，并在皮肤相互接触的过程中，建立起身体的连接与边界。随着身体自体的成长，孩子的心理自体也会逐渐萌发和成长。比如，孩子的情绪能被容纳、被回应，并能在"妈妈的脸"上看到自己的存在。

如何帮助孩子建立一个真实的自体呢？从早年的养育方式来看，唐纳德·温尼科特提出了一个"足够好的母亲"的概念。也就是说，母亲不但要对孩子表达爱，还要在一个恰当的边界向孩子表达自己的不满、烦恼等情绪。孩子其实并不惧怕母亲生气，只要母亲的情感是真实的，并在生气之后能向孩子说出自己的感受，就能帮孩子建立起一种真实的自体感。

与"足够好的母亲"相对应的是一个"不够好的母亲"，这样的母亲常常会忽视或误解孩子的真实需求，让孩子戴着"假面具"来满足外部世界的需要，以寻求肯定。在这样的环境下，孩子会成为一个谨小慎微的人，最后成为一个"表面看上去很好，但内心回避"的人。

什么样的母亲是"足够好的母亲"呢？温尼科特提出"足够好的母亲"的原词是"good enough"，其实就是"刚刚好"的意思。也就是说，你要允许自己不那么好、不那么完美。那些所谓理想主义者嘴里的"完美母亲"往往会剥夺孩子的内在成长，并不能很好地帮助孩子适应生活上的各种挫折。

真正"足够好的母亲"会为孩子的每个阶段提供"刚刚好"的"距离"——母亲能够满足孩子早期的各种生理需要,既不忽略孩子,也不会对孩子有过多的干涉。很多母亲可能觉得这样理解起来很吃力,不能清楚"刚刚好"的边界在哪里,这里我们可以用分数来表示。比如,孩子在母亲的子宫里时,母亲要做到100分;孩子出生后,就要做到90分;孩子在6岁前要做到80分;孩子在6~12岁时要做到70分……

随着孩子一天天长大,妈妈的分数要越来越低。这个分数是距离的分数,但这个距离不是疏远、不关心,而是给孩子建立一个温暖的心理边界,这是一个适度的亲密关系。当你越能给予孩子适度的亲密关系时,孩子就越有能力与母亲实现早日"分离",顺利地走向独立。

4

受伤的孩子:被切断的情感连接

大家有没有发现,我们周围会有这样一种现象:当一个孩子看到很久没见面的妈妈时,会很自然地扑向妈妈的怀抱,而正当他靠近妈妈时会突然摔倒;地上并没有什么阻挡物,孩子的身体功能也是正常的,为什么会出现这样的情景呢?

这背后真实的原因可能是藏着紊乱型依恋，也称为混乱型依恋，是回避型依恋和焦虑型依恋的混合，既有回避，又充满焦虑。为什么我们的孩子会出现混乱呢？一方面可能是因为父母情绪不稳定，比如，母亲脾气很暴躁，孩子平时出现一点儿小问题就对孩子大喊大叫，这就会导致孩子越来越混乱，孩子对母亲也会越来越恐惧；另一方面可能是因为父母关系不好，经常争吵，也会让孩子心生恐惧。虽然这些情绪是属于父母本身的，但是孩子会在小时候照单全部吸收，并深深地烙印在自己身上。

受伤的孩子：为什么你的孩子会莫名地摔倒

紊乱型依恋的孩子在小时候通常会出现身体混乱的行为表现。当父母的其中一方既是照顾者，又是强权者，孩子就很容易出现混乱，不知所措。因为他意识到这个人既是自己最爱的人，也是自己最害怕的人。

有这样一个重男轻女的家庭，母亲二胎生了儿子之后，就疏忽了女儿。有一次，女儿遇到问题扑向母亲求助，母亲并没有回应；当她转头扑向父亲时，父亲也以工作忙为借口拒绝了她。这时女儿的内心就充满矛盾，不知道该不该扑向父母求助。于是女儿在这个"扑"的过程中会出现一种非常短暂的身体反应——不自觉地摔倒。

除了不自觉地摔倒，有些混乱型的孩子还会出现"堵嘴"的表现。当他向母亲发出求助信号时，母亲没有回应，这时候他就会下意识地用手堵住嘴巴。这种类型的孩子还会出现不爱吃东西、对他人有攻击性行为等表现。

除此之外，孩子的内心在此时也会形成两种意识行为：一种是"爸爸妈妈吵架是因为我不听话，我是负担"，在这种投射性认同下，孩子会把所有的问题都归结于自己；另一种是"我要变强大，不依赖父母，我要保护妈妈"，这种情况大多出现在母弱父强的家庭中，或是"我要变强大，不像父亲那样懦弱"，这种情况大多出现在父弱母强的家庭中。

紊乱型依恋的孩子之所以陷入混乱的状态，大多是因为父母的影响。在父母经常发怒或父母关系不和的家庭中长大的孩子，他们的内心极易出现紊乱状态。当这种紊乱状态日益严重时，他们与他人的关系会变得愈加遥远，而且个人思维也会变得极其混乱——对外在反应毫无规律。不论肢体表达，还是做事情，都会缺乏一种灵活性。这种类型的依恋会严重影响孩子的健康成长，后期必要时还需要介入治疗，这里我们不做分析。

当青春期撞上更年期，和谐最重要

一个紊乱型依恋的孩子与家长更容易在青春期爆发矛盾，而这种矛盾往往不可遏制。比如，前几年大家都看过的热播剧《青春期撞上更年期》中，当不够成熟的孩子遇到压力重重的家长时，就会出现各种"火星撞地球"事件。

处于青春期的青少年介于儿童和成年人之间，此时他们的心理和身体都在发生着剧变，这个阶段青少年的情绪极不稳定，很容易陷入一种紊乱的情感之中。而此时的父母也正处于"更年期"这个敏感阶段，两两"相遇"，自然就爆发了亲子矛盾，并可能形成恶性循环。

我一直认为，亲子关系的基础是建立在夫妻之间的亲密关系之上的。也就是说，一个家庭，如果没有夫妻之间的亲密关系，亲子关系就很难达到一个和谐的状态。因为孩子在不和谐的家庭中感受到的爱是分裂的、不和谐的，而这种不和谐极易造成自我混乱。尽管此时孩子知道父亲和母亲都爱他，但他感受不到父亲和母亲之间的爱。

所以我反复强调，亲子关系的基础是建立在夫妻间亲密关系之上的。夫妻间的亲密关系一旦建立，就很容易达成教养的共识。母亲说的话父亲不会反对；父亲提出的意见母亲也会认可，这种亲密关系能够在潜移默化中对建立良好的亲子关系起到事半功倍的效果。

很多家长在亲子教育中也会发现这样的问题。比如，孩子今天要出去玩，母亲觉得孩子要穿得多一点，因为天气预报显示可能会下雨，而孩子可能不太愿意。当母亲要求了两三次后，孩子可能勉强接受，或者还没有接受。这时候父亲的一句话就变得非常重要了。如果父亲说："那我们就带着吧，如果不下雨就不穿。"这时孩子就会主动带着衣服。如果此时父亲说："不用带，我们男子汉不怕冷。"那么孩子本来就挣扎在要不要带的情绪中，有可能因为这句话，孩子就不会多穿衣服出门了。这说明父亲和母亲共同认可一件事很重要。

此外，夫妻之间良好的沟通也非常重要。当父母建立起这一个基础，彼此之间就不会唱反调了。还有，父母尽量不要当着孩子的面吵架，就算意见不合，最好也在私下里解决。假如夫妻有一方要责备孩子,另一方即使内心深处不认同,也尽量不要在孩子面前表现出来,可以等孩子不在的时候,再告诉对方。

有一件令我印象非常深刻的小事:因为犯了错母亲要打我,而父亲不让母亲打我,最后父母争吵起来,我在旁边大哭。我当时内心的真实感受是,我宁愿自己挨打,也不愿父母吵架。所以父母尽量不要在孩子面前出现激烈的冲突,就算意见不一致,也要私下商量解决。

5

"我爱你,但是与你无关":安全型依恋的建立

大家有没有发现这样一种现象:有的孩子一离开妈妈就会很焦虑,妈妈回来后马上就投入其怀抱,迅速恢复平静;而有的孩子却久久不能恢复平静呢。有的孩子伤心时,妈妈及时安慰就能让他马上转忧为喜,而有的孩子却始终走不出悲伤的困境。

根据依恋理论,前者属于安全型依恋,后者属于不安全型依恋。安全的依恋关系不仅可以帮助孩子建立安全感,而且也是帮助孩子未来获得亲密关系的基础。具有安全型依恋的孩子在感受到安全时,会随时主动地探索周围的环境;即使感受到不安全,也能从与妈妈的连接中寻求安慰。这样的孩子不管分离时有多难过,与妈妈的再次连接

都能让他马上恢复平静。

与父母（尤其是母亲）安全的依恋关系是孩子从出生开始形成的第一种关系，对孩子自身来说是非常重要的。这种关系从孩子小时候到成年时会形成一个持久的影响，其中在整个童年期一直发挥着非常重要的作用，到了青春期后，也仍然潜移默化地影响着孩子。与此同时，这种关系也是所有亲密关系的原型，包括成年后的夫妻关系、其他各种人际关系等。所以，我们每个家长都要帮助孩子从不安全型依恋转化成安全型依恋，帮助孩子建立安全感，并尝试重建与孩子的亲密关系。

我们的孩子就像一艘轮船，终有一天会离开港口远航，他想要离开安全港，探索新奇的世界，这时父母要给孩子两个体验：

第一个体验，做孩子的安全港。要让孩子确信父母不会离开，这不仅能让孩子的内心充满安全感，还可以帮助孩子确信周围环境也是安全的。

第二个体验，对孩子做出积极的回应。父母要根据孩子的情绪感受和需求变化提供积极的回应，而不是忽视和打击孩子。这种感受会让孩子觉得"我是值得被爱的、值得被关注的"。

安全型依恋关系的确立是在婴儿期，主要由父母和孩子之间互动发展而来的。如果我们在这一主要阶段帮助孩子搭建起稳定的安全型依恋关系，未来孩子与他人就很容易建立某种亲密关系。

那么，我们应如何帮助孩子建立安全型依恋呢？可以从约翰·鲍尔比提出的依恋发展顺序入手。约翰·鲍尔比认为，依恋发展要经历以下四个阶段。

前依恋阶段（0~6周）

这个时期的孩子还是个小婴儿，他会通过哭、笑等情绪来吸引母亲的注意力；他会通过母亲的声音、微笑、气味来确认母亲；还会用手去抓母亲，凝视母亲的脸或眼睛。这时如果母亲给予他积极的回应，就会拉近彼此的关系。但这时婴儿还没有和母亲发展成为一对一的依恋关系，所以不会介意与母亲的分离，也不会介意和其他人在一起。

在这个阶段，如果母亲能及时满足孩子的需要，给予孩子回应，孩子就会感觉到自己有了强大的支持，对母亲的信任感也就形成了。比如，孩子每次因为饿了大哭时，母亲都会马上来给他喂奶。时间一长，孩子就知道，自己发出的请求是会得到回应的。

所以在这个时期，小婴儿会和母亲之间建立起一种信任感，即安全型依恋。哪怕母亲平时只是多抱抱孩子，也有助于建立这种安全的母婴依恋。美国的一项研究显示，跟父母，尤其是母亲的皮肤接触，不仅能让孩子的大脑分泌一种促进生长的激素，也会增加妈妈大脑中的催产素浓度，让母亲对孩子的需要更敏感、更有耐心。

形成中的依恋阶段（6周~8个月）

这个时期，婴儿会对熟人和陌生人产生不同的反应，对母亲的反应表现越来越频繁，比如会向母亲张开手，或是眼睛一直期盼地注视着母亲，对陌生人则显示出警觉的神情。尽管此时婴儿可以确认母亲，但对于母亲的离开仍不会表现出"抗议"。这时的依恋正处于形成阶段。

由于这一阶段的小婴儿还不能直接用语言表达他们的种种需要，所以父母要能够敏锐地通过小婴儿发出的不同信号判断他们的需要，并给予积极的响应。比如，小宝宝哭闹时，父母要分辨出他是因为饿了才哭，还是因为困倦、不舒服而哭。

心理学中有个专有名词叫"日常同步性"，就是婴儿会在亲子互动中逐渐学会将自己的反应和他人的行为相互配合的技巧。比如，母亲微笑时，孩子也会跟着微笑。这种"日常同步性"对于依恋关系的形成有着非常重要的作用。

清晰的依恋阶段（8～18个月）

此时期婴儿对母亲已经产生了依恋，并表现出一定的分离焦虑。比如母亲一离开，婴儿就会哭闹、抱着母亲不肯松手等。如果母亲把婴儿带到公园里玩，婴儿会把母亲当作探索环境的"安全基地"，并能从母亲身上获得情感支持。

这一时期，母亲要多给孩子一些身体接触，这种身体接触能快速安抚孩子的情绪，缓解孩子的紧张感，给孩子带来安全感。此外，我们还要多与孩子进行拥抱、常常亲吻他的额头等，这些积极的交流和回应都有助于我们与孩子建立更加安全的依恋关系。

另外还要注意的是，父母与这一阶段的孩子不要有长期的分离，很多留守儿童之所以会出现各种问题，很大原因在于父母与孩子长期分离，导致孩子出现了分离焦虑。而随着时间的推移，孩子对父母的依恋也会逐渐淡化，甚至会丧失对父母的情感。此后如果父母想再与孩子建立依恋关系，就很难成功。

互惠关系的形成（18个月~2岁）

孩子到了大约 2 岁时，由于语言和表征观测力的快速发展，他们开始考虑母亲的愿望、需要和情感等，并能认识到母亲的离开是暂时的，不是抛弃自己；母亲是爱自己的，他们也会与母亲建立起互惠的关系。

此时孩子与母亲的安全型依恋已经形成，孩子的分离抗议也逐渐减少，他们已经能习惯母亲每天都要消失一段时间的模式了。这时，孩子会学着看大人的脸色行事，开始使用"谈判"的策略，也就是说，他们不再纠缠母亲，而是开始与母亲讲条件、提要求。母亲这时也可以与孩子解释自己要去哪，多久能回来，与孩子约定一个小的仪式，比如每天亲三下额头再走，让孩子慢慢学会承受短暂的离别。

2 岁左右是孩子的一个关键期，我经常听很多母亲把孩子的 2 岁说成是 Terrible 2，即糟糕的 2 岁。由于这时他们的自我意识已经变得很强烈，他们对成年人的要求和安排会表现出越来越大的自主选择性，他们既依赖主体母亲，又想什么事都独自尝试。

比如，孩子会说"我要自己吃饭""我要自己冲马桶"，一旦父母因为着急或惯性帮忙，孩子就会哇哇大哭，觉得自己的自主权被剥夺，试图抢回自己的掌控权。我的建议是，父母要把孩子当作独立的个体，而不是父母的附属品；让孩子自己做决定，我们应该做到像歌德所说的那样："我爱你，但是与你无关。"大胆地让孩子去尝试，不要怕孩子犯错。

作为亲密关系中的第一种关系，亲子间的依恋关系会投射到孩子未来所有的关系中。我们的孩子正是通过各种不同的关系场域发现了真实的自己，并从中学会独立。依恋是会伴随我们一生的，而不是仅仅存在于生命刚出生那几年的。作为父母，我们一定要认清这样一个事实：我们和孩子需要共同携手走一段很长的旅程，只有这样，才能帮助孩子实现从依恋走向独立。

第二章

亲子修炼：
重建亲子关系的五大通道

在亲子关系当中，父母与孩子之间的关系是否亲密，是否为安全型依恋关系，这比任何具体的教养技巧都重要。当父母为孩子创设一个充满信任、欣赏与尊重的环境，孩子在其中感到自由和放松时，他们才会把关注点放在如何发展自我和解决具体的问题上。更神奇的是，当孩子感受到来自父母的爱、理解和无条件的接纳后，他们也更容易朝着父母期望的方向发展，更愿意与父母合作。因此，我们就需要寻找与孩子构建亲密关系的有效通道，通过这些通道与孩子之间建立起健康、安全、亲密的依恋关系，在此基础上去引导孩子养成良好的习惯。

1

信任：好关系源于彼此的信任

2017年有一部很火爆的印度电影《摔跤吧！爸爸》。这部电影讲述的是一位在摔跤比赛中获得冠军的爸爸，偶然发现自己的女儿在摔跤方面很有天赋。于是这位爸爸在所有人都反对的情况下，耐心培养女儿，最终将女儿送上了摔跤冠军的领奖台。

当时看完这部电影，我内心特别感动。感动的原因，并不是这部电影多么励志，而是励志背后传递出的那种对孩子无条件的信任。正因为父母对孩子的信任，才会让孩子产生依恋；正因为父母对孩子的信任，才会让孩子最大限度地释放自己的天赋和潜能。

遗憾的是，在现实生活中，能够真正给予孩子信任的父母并不多。我因为一直从事教育工作，所以无论在微信群里，还是在讲课时，总能与很多家长沟通。很多家长一见到我，立刻就开始对自家孩子进行"控诉"："我就知道他不行，他就是不听话，结果搞砸了！""我早就说过他不是学钢琴的料，结果怎么样？刚学两个月，就怎么都不肯学了，浪费一大笔钱！""不许他玩游戏，他就偷着玩，现在没办法，只好在他房间装个监控，随时看着他！"……

说实话，我很理解这些父母的良苦用心，但同时我也发现了这些父母身上存在的问题，那就是对孩子一些行为的控制、干涉，以及粗暴的否定。这种行为的本质是对孩子的不信任，不相信孩子能自己做决定，能自己应付当下的任务，更不相信孩子能安排好自己的学习和生活。这种不信任带来的无能为力感和控制感，会深刻且持久地影响孩子的自信心建立和自我效能感。

不管父母多么想保护孩子，多么想让孩子在自己的羽翼下平安地度过一生，但孩子终究要长大，要走自己的路，过自己的人生。也许孩子的人生没有如父母所愿，也没有那么光鲜亮丽，但自己掌控自己命运的自由和幸福，却是其他任何东西都不能代替的。

所以我在与家长沟通时经常说，多给孩子一些信任和自主权，多放手让孩子为自己的事做决定，让孩子学着去承担责任；并且在向孩子表达信任时，内心一定要抱有好的意愿，相信孩子会向好的方向发展，正确地传达出你的"权威期待"。只有当孩子收到你对他更多的"正向期待"，他才更愿意与你合作，并向着好的方向发展。

就拿我儿子嘉嘉来说，他从幼儿园开始就拥有一个属于自己的平板电脑。这在很多家庭里可能都不敢想象，父母们会有很多担忧。比如损伤孩子的视力、过度使用会上瘾等。一开始我也有同样的担忧，所以我会限定嘉嘉，每次只允许使用平板电脑20分钟，而且这20分钟用来干什么，我会尽量监督到位。为此，我跟嘉嘉也有过一些冲突。后来我慢慢发现，他用平板电脑其实也能学到很多有趣的知识，而且大多数时候只要跟他好好沟通，他也基本能遵守约定。

于是，我就跟嘉嘉一起制定了使用平板电脑的规则：周一到周五，在完成所有作业的前提下可以自由使用 40 分钟，周末可以自由使用 2 小时；但下载和使用的 App 软件需要经过我和爸爸的同意，在线的课程也必须独立完成。在此基础上，我们还承诺他，只要他能按约定使用平板电脑，那么这个平板电脑就完全归他所有，我们不会过度干预。

其实在我们的信任下，孩子是可以很好地约束自己的，而好的亲子关系往往也源于彼此的信任。因为当孩子发现父母相信自己，为了不辜负父母的信任，他们也更愿意主动遵守规则，努力去成为真正让父母信任的人。

那么，我们怎样向孩子传递信任，才能让孩子向着更好的方向发展呢？我给大家提供以下几点建议。

敢于放手，把决定权还给孩子

信任很重要的一点就是敢于放手，让孩子自己去尝试做各种事。不管父母是否接受，孩子在成长过程中都会不可避免地犯错，这是成长的必然规律。但我们不能因噎废食，因为怕孩子犯错，就不让他犯错，这是不现实的。

有的家长向我反映说："我们也想信任孩子呀，可孩子说话根本不算数，让我们怎么信任他？"对孩子放手，信任孩子，应该是我们一直坚持的理念，并不是因为孩子听话我们就信任他，不听话就不信任了。只有时刻都积极地向孩子表达信任，才能引导孩子向积极、正向的方向发展；而不是嘴上说信任，实际上却处处打击孩子，这样又怎么能让孩子感受到父母的信任呢？

不要用成人的思维去揣测孩子

很多家长一说起信任孩子，就会说："我自己的孩子，我怎么能不信任他呢？"但在与孩子的日常相处中，却处处表现出对孩子的不信任，动不动就用成人的思维去揣测孩子的想法。

曾经有一位妈妈，向我咨询孩子抄作业的问题，其中有个细节让我印象深刻。这个孩子比较贪玩，但平时成绩也不错。之前有几次抄作业，被老师反映给家长，家长狠狠批评了他。有一次，孩子考试得了 100 分，回到家妈妈劈头就问："你是不是抄同学的试卷了？不然怎么考这么高的分数？"孩子生气地摔门而去。后来才知道，孩子考试前与同学打赌，谁考 100 分，对方就要请自己去看一场电影。这个孩子的成绩本来就不错，稍稍努力一下，考 100 分并不是什么难事，遗憾的是妈妈却不信任他。

这类问题在很多家长与孩子的相处过程中都存在。在这种长期的不信任的相处过程中，孩子也慢慢变得叛逆，不愿与家长说实话，因为说实话家长也不相信。试想一下，这样的亲子关系，又如何能变得亲密而依恋呢？

没有不爱自己孩子的父母，生怕孩子不学好、走错路，但因为父母习惯性的思考模式和表达方式，将成人世界中一些世故的想法代入对孩子的评价当中，结果孩子感受到的就是不被理解、不被信任和不被尊重，结果伤害了孩子，也破坏了彼此的依恋关系。

所以，我一直跟家长们强调，放弃对孩子的揣测和预设，当孩子出现与平时不一样的言行时，先耐心地与孩子沟通，弄清孩子为什么会与平时不同。通过沟通，你会发现孩子其实会带给我们很多惊喜，更重要的是，孩子会因为父母的耐心和宽容而与其更加亲密。

当然，如果发现孩子有些言行确实不合适时，父母也有必要向他强调规则和做事方式，但一定要耐心地向孩子解释和引导，而不是用让孩子感到羞辱和愤怒的方式去传达父母的意见。这样，孩子才能真正体会到父母对他的爱和信任，并在这种亲密的依恋关系中健康成长。

2

欣赏：相信你的孩子是独特的

当你的面前放着一张白纸，而白纸上有一个黑点时，你会先注意到白纸还是白纸上的黑点？我想大多数人的目光都会不由自主地看向白纸上的黑点。如果我们把这张白纸比作孩子的优点，把黑点比作他的缺点，作为父母，你的目光会首先落在哪里呢？

在这里，我先跟家长们分享一个故事，这个故事是关于日本著名作家乙武洋匡的。乙武洋匡出生时，就是个重度残障者。家人怕他的母亲知道真相后过于伤心，一直以"孩子黄疸严重"为由，不让她见孩子。直到实在无法再隐瞒时，家人才不得不把乙武洋匡抱到他的母亲面前。大家原本都做好了最坏的心理准备，来面对他的母亲知道真相后崩溃大哭的场景。但是，这样的场景并没有出现，母亲温柔地抱过乙武洋匡，竟然笑着说："好可爱的宝宝呀！"

相比于其他残障者，乙武洋匡是幸运的。当面对他的残障时，父母首先感受到的不是痛苦和绝望，而是新生命降临带来的喜悦。他们能够抛开他的残障，转而去欣赏他的可爱。而且随着乙武洋匡逐渐长大，父母对他的爱和欣赏也丝毫没有减少。父母告诉他："先天没有四肢，这只是你的身体特征而已。虽然很多四肢健全的人能做的事你无法做到，但你也能做很多他们做不到的事。"

在父母的欣赏下，乙武洋匡成功了。后来他还在自己的书上引用美国残疾作家海伦·凯勒的名言："残疾只是不方便，但不是不幸。"

哪怕是身体残障的乙武洋匡，他的父母也一样会看到他优秀、独特的一面，何况我们身边这些身体、智力都正常的孩子呢！虽然每个孩子都不可避免会有很多缺点，但同时也一定有自己的独特之处。如果你看到的只是白纸上的"黑点"，而无视白纸的存在，就会伤害孩子幼小的心灵。童话大王郑渊洁曾说："自尊和自信是一个人安身立命的基础，而贬低能摧毁孩子的自尊和自信。人性的本质是渴望被欣赏，孩子尤其渴望被欣赏。"

那么，为什么父母那么容易忽略孩子的优点呢？我认为，大多数情况下，我们的教育一直都倾向于补足孩子的短板，也就是所谓的

"避短"；但实际上，"扬长"才更容易达到有效的教育效果。

我的儿子嘉嘉现在上的是苏州当地最好的公立小学之一。我曾经大胆地设想，如果苏州所有同龄孩子的水平在 70 分左右的话，那么我非常自信嘉嘉可以站在 90 分的位置上。如果这所小学所招收的孩子都在 90 分左右，而一个老师一进入职场就进入这所学校的话，那么他可能就很难知道七八十分的孩子是什么样的，并且认为在学校里 90 分的孩子才是正常的孩子。

但是任何一个孩子除了学习，还会有很多方面的长处。而作为对孩子最了解的父母，自然应该知道孩子在哪些方面有优势，哪些方面有不足。所以就算孩子可能在某方面不够优秀，但在其他方面仍会有过人之处，父母应该对自己的孩子有信心。可是，从什么时候开始，父母逐渐丢失这种对孩子的信心，甚至变得越来越焦虑了呢？可能是从孩子进入学校开始，因为父母开始听到对孩子有直接影响的人——老师，给父母带来各种关于孩子的不同反馈，这种反馈可能会一点点地磨平父母对孩子的信心。

老师是故意这样做的吗？当然不是，老师也希望孩子越来越好。但当一个老师习惯了 90 分时，他就会用 100 分来要求孩子；而任何一个孩子即使在 90% 的地方都很完美，在另外 10% 的方面可能就不那么优秀。一开始，我们完全能够接受这 10% 的不佳表现，但久而久之，在老师的不断强化下，我们就会忘记孩子那 90% 的优秀部分，而去过分关注那 10% 的不足，这时我们就会很焦虑。

所以，我们的教育其实很难做到扬长避短的，相反，它很容易放大孩子的不足，忽略孩子那些原本表现优异的地方。而为了让孩子更优秀、更完美，家长就会不断让孩子去弥补那10%的不足，却忽略了如何将那90%的优点更好地发挥出来。当然，这不是老师的问题，也不是家长的问题，而是整个社会环境带给我们的焦虑。

既然知道了问题所在，作为孩子最亲密的"盟友"，父母就该努力去改变这种评价孩子的标准和教育孩子的思路。有些父母总喜欢夸别人家的孩子，说别人家的孩子多优秀、多听话，自己家的孩子却不行，这其实就是因为父母的教育思路错了。父母应该相信自己的孩子的独特性，然后抱着真正欣赏的眼光去看待孩子，寻找孩子身上的闪光点，并乐意赏识孩子的这些闪光点，这样才能不断强化孩子的优点，让孩子变得更积极、乐观。

具体来说，我认为父母可以从以下三个方面来欣赏孩子。

欣赏孩子行为的结果，即事情做得比较好

只要孩子做了某些事，父母就可以找到欣赏点。比如孩子拖地了，父母就及时表扬他："你今天帮妈妈拖地了，真好！"孩子考试成绩提高了，父母可以说："今天考了90分，说明你的基础知识掌握得不错，加油哦！"也可以通过跟其他孩子比较来表达对孩子的欣赏，如："你今天跑了第三名，我觉得你很厉害啊！"

通过日常的这些小事去欣赏、赞美孩子，孩子就会觉得自己在父母眼中是有价值的、被认可的，以后做事也会更加有始有终。

欣赏孩子行为的过程，即强调完成某些事的过程

孩子在做某些事情时，尽管结果可能不尽如人意，但如果在过程中已经很努力或付出了很多，那么父母就应该欣赏他的行为过程，如"你在这件事中的合作态度让我很欣慰。""虽然没有成功登上'山顶'，但你'登山'时表现出了非凡的勇气，为你点赞！"

这种欣赏的态度，不仅安抚了孩子没能成功的失落心理，同时也让孩子明白，凡事只要付出努力就值得赞赏，继而也会更加努力地想要证明给父母看。

不需要任何理由、任何条件地欣赏孩子

这一层次的欣赏分两种情况。一种情况是孩子自身具备的特质、资源、能力等，也就是他的独特个性或品质，如勇敢、善良、诚实，或者在某些方面的天赋等。这时父母在向孩子表达欣赏时，最好带上与孩子的关系，欣赏孩子与自己相似的方面，如"你真是妈妈的乖女儿，和妈妈一样善良""你真是爸爸的儿子，情商都这么高！"……有时候，即使不是那么值得赞美的方面，往往也能拉近父母与孩子之间的亲密关系，如"你这点真像我，动不动就把好东西拿出来分享"。

另一种情况仅仅因为父母与孩子的关系，因为生命的存在而欣赏孩子，如"真开心你是我的孩子""我觉得特别幸运，能让你成为我的儿子，让我觉得人生特别有意义"……

无论父母从哪个层面上欣赏孩子，都能提高孩子的自我价值感，加深孩子与父母之间的亲密程度。心理学中有个简单的练习，是在一张纸的左半边写上父母曾经肯定过我们的地方，也就是我们的优点；右半边写上父母曾经指责过我们的地方，即我们的缺点。想一想，今天的我们与当年父母所描绘的样子是不是大致相同？我们小时候被批评最多的地方，到今天依然是我们的短板；而被父母肯定、赞赏的地方，今天也越来越擅长。

这就很直接地表明：指责、批评不会让孩子变得更好，欣赏却可以。当父母始终把"无条件地爱孩子、欣赏孩子"作为思考和行动的出发点，建立良好的心态，习惯于积极发掘孩子的优点时，就奠定了良好的亲子互动的基础。

3

尊重：爱他，就如他所是

人本主义心理学大师罗杰斯说："不要想控制孩子的一切，用自己的标准要求孩子，而是把他当成一个人来尊重他，这样才会激发他的能量。相信他会成为他自己，不需要伪装，不需要压抑，他会成为一个负责任、自我主导的人，一个拥有个人目标和价值观的人。并且，他会从这种家庭关系中获得很大的满足，会爱家人、爱交流。"

简单来说，这种观点就是要尊重孩子的想法和感受，多给孩子一些自己做决定的机会。即使父母有时明知道孩子的行为可能会带来不好的结果，但如果孩子不能自己做决定，不能自己亲身经历一遍，不去撞到那个"南墙"，他就无法真正学习到经验，也难以更好地成长。

现在，绝大部分父母在培养孩子的过程中，都会不断地向孩子传授经验，却给孩子太少体验式的成长机会。嘉嘉小的时候，基本由我的父母照顾，我的母亲对嘉嘉特别用心，爱护备至，但对孩子的保护有些过度，对孩子限制太多，不让干这、不让干那。嘉嘉想做什么，我的母亲经常拒绝，结果孩子急得又哭又闹。以致后来嘉嘉养成了动不动就哭闹的习惯，因为正常沟通我的母亲是不会答应的，只有哭闹，我的母亲才不得不妥协……

发现这种情况后，我就跟母亲认真沟通了一下，让她不要过于限制孩子，而我自己也尽量多花时间陪伴孩子，适当满足孩子的一些要求，尊重孩子的意见，让孩子多一些自己尝试、自主做决定的机会。如果遇到我认为确实不是孩子该做的事时，我也会好好与他商量，告诉他为什么这件事不能做，做了的后果是什么。慢慢地，嘉嘉因为得到了充分的尊重和自由，所以就很少再哭闹了。

实际上，当我们不再试图改变孩子，给予孩子一定的自主权，并尽量满足孩子的兴趣爱好后，孩子内心的反抗情绪就会越来越少，与父母的关系也会越来越亲密。在这种情况下，父母再与孩子商量一些事情时，孩子反而更容易接受。

但有些家长也会跟我咨询说:"老师,我们也很愿意尊重孩子,也乐意支持孩子的兴趣爱好,但孩子的一些行为我们真接受不了!比如他要学唱歌、要当明星,可我们根本看不到他有唱歌、当明星的潜力,那也不能让他拿着钱去瞎折腾啊!"

这让我想起了新东方学校的创始人之一徐小平老师的教育方式。徐小平老师有两个儿子,虽然个性不同,但兴趣却很相似,他们在十四五岁之前,都梦想着要成为摇滚明星。虽然徐小平老师也没看出他们有这方面的潜质,但却没有直接干涉或阻止,而是表现出对他们的鼓励和欣赏,让他们自由追求自己的爱好,还给他们报了一个短期的培训班,并买了吉他。两个孩子每天在家里弹吉他,玩得不亦乐乎。

后来,小儿子又喜欢上了烹饪,坚持要报烹饪班。徐小平老师虽然有些不解,但仍然尊重了孩子的想法,给他报了个烹饪班,让他专门去学习烹饪。当时家人都反对,但徐小平老师说:"不管孩子是不是真心喜欢,去尝试一下也没什么坏处。况且以后就算真当了厨师,在大家面前露一手厨艺,也是件挺拉风的事啊,想必还会很受女孩子欢迎呢!"

所以,我经常会给前来咨询的家长举这个例子,希望家长能尊重孩子的一些选择、想法和爱好。哪怕他的想法与父母期望的有偏差,只要不违背法律和道德,就要用正确的眼光来看待。我们常说自己爱孩子,那爱到底是什么?在我看来,爱孩子就是父母明知道孩子可能会犯错,这条路可能行不通,孩子可能坚持不下去,但仍然愿意尊重孩子的意愿,让他去经历、体验,因为孩子的人生就是由他的经历和体验构建起来的。他们在做自己喜欢的事时，也更容易激发出自己的想象力和创造力，做事也更加专心和专注。这时父母要克制自己的控制欲，不要用自己的想法干涉、限制孩子。试想一下：就算孩子喜欢音乐而没有成为音乐家，喜欢烹饪而没有成为厨师，但把这些兴趣发展成自己受益终身的技艺，不也是一件快乐的事吗？

父母对孩子的爱，最基本的表达就是尊重，尊重孩子的意愿、感受和选择，发展他们的个人意志。唯有如此，孩子与父母之间才能构建亲密的关系，孩子也才能成为一个拥有独立思想的人。具体来说，我建议父母在以下几个方面多改变自己。

放下做父母的权威，把孩子当成一个独立的个体，从内心树立尊重孩子的理念

有些父母嘴上喊着要尊重孩子，但说起来容易，要马上做到还真挺难。真正的尊重是父母要有勇气放下自己作为长辈的权威，把孩子当成一个独立的有思想、有感受的个体，尊重孩子的个性与发展特点，允许并支持孩子的想法和选择。父母不想要的、不想做的、不喜欢的，不要强加在孩子身上；父母自己想要的、想做的和喜欢的，如果并不是孩子想要的，也不要强加在孩子身上。

说得更具体一些的话，就是希望父母能从生活中最简单的事做起，把穿衣、吃饭、玩玩具、看动画片、学才艺等的选择权都还给孩子。孩子要穿什么衣服、吃多少饭、玩什么游戏、跟哪个伙伴一起玩、学习哪种才艺等，只要没危险、不违反法律、校规和道德底线，

就由孩子自己来决定。爱孩子，就要如他所是、遂他所愿。

经常站在孩子的角度上思考问题，推己及人，像尊重朋友、尊重自己一样尊重孩子

学会尊重孩子，一个最有效的方式就是经常把自己换到孩子的角度上，推己及人地考虑问题。尤其当父母与孩子之间出现矛盾时，不妨先问问自己："如果别人这样对我，我会喜欢吗？""如果这不是我的孩子，而是我的朋友，我会这样对他吗？"这两个问题就能把父母换到孩子的位置上，去体会孩子当时的感受。如果父母自己都不喜欢这种感受，又怎么能希望孩子会喜欢呢？

几乎所有的亲子沟通问题，归结起来其实都是"视角"问题，也就是"同理心"或"共情"问题。它既简单，又很复杂。既可能是父母的一念之差，也可能是父母永远察觉不到的高度。所以爱孩子、尊重孩子，就要努力从孩子的角度看问题，体会孩子的内心感受。《小王子》中有句话说："每一个大人都曾经是个孩子，只是我们忘记了。"我们忘记了自己也曾经那么想要自己做主，也那么在乎一张贴纸、一辆玩具车，这些在父母眼里不屑一顾的小事，曾经也是父母的整个世界。

尊重的前提，就是允许孩子有和父母不同的、独立的感受。一旦父母的脑海中闪出"这么点小事儿"的念头时，请提醒自己，孩子在乎的事，对他们来说就是大事。

允许孩子有自己的秘密，尊重孩子的隐私，与孩子保留空间和余地

在这个世界上，所有的爱都以聚合为最终目的，唯有父母对孩子的爱是以分离为结果的。所以，父母要允许孩子慢慢走向独立，并拥有自己的小秘密，不要试图去侵犯他的"领地"。如果父母随时随地都要掌控孩子，一定会引起孩子的反感；孩子也更想挣脱父母的掌控，对父母的依恋感会降低，原本与父母之间的亲密关系也会受到影响。

也许有的父母会问："难道一切都由着孩子，孩子的私事我们一点都不能过问吗？"也不是这么绝对。孩子的事情父母肯定要关心和关注，但要在尊重孩子隐私的前提之下，引导孩子自觉自愿地与父母分享他的"秘密"。隐私原本就有一定的相对性，自己的"秘密"对于一些人来说是隐私，而对另一些人来说就可以不是，所以孩子有些事会瞒着父母，但却不会瞒着他的朋友、同学。只是因为不信任父母，才会对父母有所隐瞒；当孩子真正信任父母，并确定父母会尊重、理解他时，才不会对父母隐瞒"秘密"。

所以，父母要做的就是取得孩子的信任，让孩子能够主动、自愿地与父母分享他的"秘密"，而父母也应理解、接纳并帮他保守"秘密"。这样，孩子才能从父母这里真正获得被尊重的感觉，也更容易从内心中与父母形成稳固、安全的依恋关系。

4

接纳：发自内心地接受孩子本来的模样

我从事教育工作多年，身份有很多，比如"辣妈校长""新东方女高管""家庭教育女主播"等。但相比于这些身份，我更喜欢的角色是——母亲。优秀的教师并不一定能培养出优秀的孩子，但优秀的孩子背后一定离不开一位优秀的母亲。这是我从教 16 年来对于教育的最大感悟，而且这种感悟在我成为一位母亲之后变得愈加深刻。

在儿子嘉嘉的成长过程中，能与他建立并一直保持着安全型依恋的亲子关系，是上天赐予我最有分量的礼物，同时也是对我作为一位母亲的最高奖赏与认可。而我对儿子的接纳与理解，则是我们始终能够保持亲密亲子关系的钥匙。

做家庭教育之前，我从事教育工作已经十多年了。刚开始成为一名老师时，我坚信教育本身的力量能够改变每个孩子，我也坚信通过不断提高教学素养、用心与学生沟通，就能实现教育的价值。而且我相信，这是每位教师心中最初的信念。但经过十几年教育生涯的历练，曾经的这个信念已开始慢慢动摇。

很多时候，即使我们再努力，也很难改变孩子，很难取得良好的教育效果。那么，问题到底出在哪里？这个问题我也是最近几年才想明白，而这要源于多年前的一段经历。

刚当老师那段时间，我遇到了一个给我印象特别深刻的学生。他总是在上课几分钟后才拖着书包进教室，永远一副懒洋洋的样子。虽然不太听从管教，但我能明显感觉到他的聪明和灵性。于是，我身上那种所有新教师几乎都具备的"恨铁不成钢"的心理被他激发了出来。

在与他短短半年的交集中，我开始尝试利用各种方法肯定他、鼓励他，让他主动去感受自己的聪明和天赋，同时刻意忽略他的叛逆和不羁。其实对当时的我而言，这更像是一位年轻老师对于一个难管的学生的一种刻意地讨好，我所期望的最低要求就是，他能在我的课堂上稍微配合我一下。

与这个学生分别一年后，他出乎意料地考上了一所重点高中。听到这个消息后我特别惊讶，因为以他原来的成绩是根本不可能考上重点高中的。为了对他表示祝贺，我给他发了一条短信，没想到他很快就回复了。他对我说，自己之所以能取得这样好的成绩，都要感谢我当年对他的教育和信任。在我之前，从没有人在意过他的优点，父母也认为他是个"不成器"的孩子，老师认为他是个问题学生，同学觉得他是个落后生……但我给他的却是肯定、信任和鼓励，这让他开始重新审视自己，正视自己的优点和潜质，最终通过刻苦的努力考上了重点高中。

说实话，这条短信让我感动、震惊，更让我羞愧。我开始认真地思考，到底是什么让教育的价值真正彰显出来了？是作为教师的拳拳之心？是超高的教学能力？还是偶尔的小运气？因为我也用类似的方法对待过很多学生，但明确发生改变的只有他，这不是运气又是什么？

很多年后，当我不断思考这个案例背后可总结的经验，拨开一层层迷雾之后，我得出了一个结论，那就是"接纳"起到了关键作用。我除了发自内心地接纳他本来的样子外，并没有为他付出任何一点特殊的感情和努力。也许正是我的这份接纳被他真实地感受到了，进而激发了他的自信心及进取精神。

也许大家会问："接纳真有这么大的力量吗？如果有，我平时也接纳孩子，为什么不能激发他、改变他呢？"其实，深究这里面的原因，很可能是因为父母对孩子的好，他们并没有感受到。如果父母想让孩子感受到对他的接纳，首先父母要发自内心地接纳孩子本来的模样。

很多家长来找我咨询，问应该怎样跟孩子沟通，在这些家长看来，孩子跟同学、朋友、老师相处都没有问题，唯独与自己相处时沟通困难。问题在哪里呢？如果从父母身上找原因，父母就应该反思一下：自己真的在用心接纳孩子吗？想想自己的一言一行，想想自己每天对孩子说得最多的话是什么？"作业做完了吗？""考试考了多少分？""这道题怎么又错了，上次老师不是讲过了吗？""就你现在这成绩，还想考上高中？"……

这些话是不是很熟悉？这些当年我们父母说给我们的、被我们当成耳旁风的话，今天竟然悉数地说给了自己的孩子听。回想一下当年我们的感受，从父母的这些话语中，我们能感受到接纳吗？

所以，不要再说"我是恨铁不成钢""我是因为爱他才会苛责他"，父母在意的是什么，父母传达的是什么，孩子就会接收到什么。

嘉嘉在两三岁的时候，有一段时间经常动手打人，有时是为了抢一个玩具，有时是因为一句话与小朋友动手。当时我的母亲照看他，看到他这样，就会非常着急地制止："你怎么能打人呢？打人是不对的！这样就没有人再和你玩了！快跟小朋友道歉！"

我想大多数家长在遇到这种情况时都会这么说。道理虽然没错，但在一个两三岁孩子的心智中，他只是在保护自己的东西，怎么能明白打人是不对的呢？于是，我决定换一种方式让他明白。

后来，当他再因为抢玩具而推打小朋友时，我不会直接制止他或让他道歉，而是让他站在一边，然后我去向对方真诚地道歉。

处理完之后，我再问他："你觉得妈妈为什么要道歉？"

他摇摇头。我告诉他说："妈妈道歉是因为你对小朋友做出了不礼貌的行为。你可以告诉妈妈为什么要推小朋友吗？"

"因为他抢我的玩具。"

"你觉得如果不推人，还有别的方法要回玩具吗？"

"我向他妈妈告状。"他想了想回答说。

"还有呢？"

"我让妈妈帮我要回来。"

……

这样一步步去引导孩子，让他明白除了打人外还有更好的处理方式，这才是真正的接纳。接纳孩子犯错，也接纳孩子的情绪。不着急去否定，先尝试去了解，然后再平等地沟通。当父母能以平和的心态真正接纳孩子的一切时，会发现曾经的焦虑统统不见了。所以，当父母拥有了温和与理性，在家庭教育中还有什么问题不能解决呢？

5

合作：默契的合作可以打开秘密花园之门

所有父母都希望能对孩子产生最积极的影响，无论让年幼的孩子停止打闹，安静地坐在饭桌边吃饭，还是让学龄期的孩子乖乖关掉电视，主动完成作业……父母一切努力的最终目标，都是如何影响孩子，让孩子接受合作。

但是，现实中的父母却不断地被各种问题困扰：孩子不听话，非要吃零食，怎么办？孩子之间总是争吵不断，怎么办？孩子不愿意配合做某事，怎么办？孩子不遵守承诺，怎么办？孩子撒谎，怎么办？归根结底，这些问题的出现，都说明父母与孩子的合作是失败的。

我经常收到一些家长的咨询，比如有的家长跟我说："我们也知道应该多鼓励和赞赏孩子，就能促进合作。可时间一长，孩子就无动于衷了，怎么办呢？"这说明，并不是所有的鼓励和赞赏对孩子都管用，有些赞赏可能会被孩子排斥；而有些赞赏，甚至会阻碍孩子继续努力。

比如，有些父母经常对孩子说"你真棒！""你真厉害！"一开始孩子会很开心地接受，但很快他们就会发现，如果他们失败了，父母就不再表扬他们了，那他们就会怀疑，自己会不会不再是父母口中

"棒"和"厉害"的孩子了?

但是,没有人会永远不失败,如果不想失败,最好的办法就是停止尝试。只有什么都不做,才不会失败。结果父母的赞赏反而成了束缚孩子的枷锁,让他们失去勇气和努力的动力。这时,不管父母再怎么鼓励孩子,孩子可能也不愿意再合作了。

赞赏无效,惩罚可行吗?

惩罚可能短期内会让孩子记忆深刻,但孩子记住的只是这次惩罚带来的负面感受,比如恐惧、对父母的怨恨、自怨自艾等,甚至还会想:"下次我怎么才能躲开惩罚?是撒谎还是弄虚作假?"所以,惩罚可能会让孩子暂时合作,但孩子却不会因为惩罚而心甘情愿地与父母一直合作,自觉地变成一个积极向上的人。

事实上,孩子的每个行为、每种情绪的背后,都隐藏着他真正的需求。如果父母没有读懂孩子的真正需求,却要求孩子合作,结局一定会让人失望。

我曾接到过一个案例,一个女孩曾向母亲倾诉自己在学校里与同学处不好关系,交不到朋友,感到很孤单。母亲没有问明原因,就直接说:"你这么优秀,妈妈相信你不会交不到朋友的。"后来,她又向母亲提出转学,母亲又说:"转什么学啊?不管在哪个学校,学习好就行了,换个学校就一定比这个好吗?"

女孩就觉得母亲根本不理解她,也不关心她为什么不开心。此后变得越来越沉默,但也越来越叛逆,母亲说什么也不想听,学习成绩直线下降。直到她的母亲来找我时,母女二人的关系简直可以用"陌生人"来形容,毫无亲密和依恋可言。

这就是因为母亲没有及时读懂女儿的心理,也没有弄清孩子真正的需求是什么,在这种情况下要求孩子合作,自然是难上加难。

不同年龄段的孩子,心理需求也是不一样的。我们只有真正读懂了孩子的心理,才能"对症下药",赢得与孩子的合作。

0~1岁阶段:需要养育者的及时关注和积极回应,建立对世界的基本安全感

1岁以下的孩子,虽然不能直接向父母表达自己的诉求,但不代表他们没有需求。他们希望养育者能及时关注他们,向他们表达爱意。当他们哭闹时,能及时获得爱的回应,能被拥抱、安抚,能有人为他们提供感觉安全和舒适的环境。到七八个月后,他们开始学爬行、走路,这时他们还需要养育者能满足他们四处活动的需求,并保护他们的安全。

通过满足孩子的这些需求,孩子就能从养育者这里获得充足的安全感,并通过与养育者的连接建立起亲密的依恋关系,继而逐渐培养起内在的安全感,以及对这个世界的信任。

1~3岁阶段:需要养育者适度放手,给予孩子大胆尝试的机会

1岁之后,孩子的自我意识逐渐增强,这一阶段他们需要养育者给予他们充分的情感支持,允许他们在安全的范围内尽情地学习和探索,让他们获得充满自主能力的感受,使他们体会到自己对这个世界

的掌控力。

这就需要养育者学会适度地放手,在保证孩子安全的前提下,鼓励孩子大胆去尝试,并在孩子需要帮助时给予他们必要的帮助,让孩子在不断的探索中建立稳定的自我,逐渐适应与养育者的短暂分离,为以后能顺利、自然地完成分离过程做好准备。

3~6岁阶段:需要养育者尊重孩子的意愿,合理引导,耐心陪伴

这个阶段的孩子需要养育者的肯定、赞美、鼓励、接纳和尊重,就像鱼儿需要水一样。如果养育者不能满足孩子的这些心理需求,孩子就会不断索取。所以有时父母会发现,越让孩子听话、专心、认真,孩子越不听,甚至还故意与父母作对。

这其实就是因为他们的心理需求没能获得满足。只有耐心地陪伴孩子,合理地引导孩子做一些事,才能慢慢满足他们的需求。值得注意的是,这个阶段的孩子往往更在意父亲的关注,如果父亲能经常陪孩子玩耍,并在此过程中充分尊重孩子的意愿,表达对孩子接纳和认同的情绪,孩子就会越来越容易与父母合作。

6~12岁阶段:需要养育者信任孩子的学习能力,不揠苗助长,引导孩子在"最近发展区"发展

"最近发展区"是由苏联心理学家维果斯基提出的一个心理学理论。他认为,一个孩子在学习过程中会出现两种发展水平:一种是现有水平,也就是在独立学习或活动时能够解决问题的水平;另一种是

孩子可能的发展水平，也就是通过教学所获得的能力。两者之间的差异就是最近发展区。

6~12岁正是孩子的小学阶段。现在很多父母生怕孩子输在"起跑线"上，从两三岁起就给孩子报各种课外班、辅导班。我并不完全反对这种做法，但很担忧这种超前教育和父母在此过程中表现出来的焦虑情绪，会对孩子产生负面影响，因为这种情绪会让孩子感觉自己的能力是不被认可、不被信任的，继而感到自卑、焦虑，影响与父母之间的亲密关系。

其实在这个阶段，父母更应该帮孩子学习一些技能，引导孩子找到自己的"最近发展区"，也就是通过技能学习，提高动手能力、创造力等，从而让孩子获得更多的成就感和自信心。而不是只关注孩子成绩的好坏，忽略孩子其他能力的培养。

12~18岁阶段：需要养育者尊重孩子的独立人格，认同孩子的"成人感"，学会放手

孩子迈入青春期后，自我意识变得越来越清晰，个性特征也体现得越来越明显，有时很容易与父母产生矛盾。但是，这一阶段恰恰是父母能给予孩子最后一次补充心理营养的黄金时期。如果孩子在12岁之前没能与父母建立起亲密的依恋关系，这个时期的孩子就会出现明显的逆反心理，拒绝与父母进行交流，并不愿意与父母合作。

所以，在这个阶段，即使孩子表现得有些叛逆、不太容易合作，父母也不要用强硬、粗暴的手段对待孩子，否则只会适得其反。要接

纳孩子现在的样子，尊重孩子的独立人格，把孩子当成一个成年人来与之相处和沟通，遇事多与孩子商量，并在一些非原则的问题上做出相应的妥协。哪怕感觉孩子的某些做法可能不合理，也应该允许他们去体验结果。一方面这对孩子是种锻炼，另一方面用这种方式证明父母的意见是合理的，孩子也会逐渐信任父母，并主动与父母合作。

总之，孩子的内心天生像一个杯子，需要父母不断用爱和关注填满它：孩子饿了，父母给他做饭，让他吃饱；孩子冷了，父母帮他穿衣，给他温暖；孩子伤心了，父母给他安慰，让他忘记不快……

在孩子的整个童年时期，如果父母不过于严厉、唠叨、频繁地责备，而孩子又能够自由地选择自己能做的事，可以取得一些成功，并获得成就感，他们的杯子都会被蓄满。哪怕是父母批评了孩子，或拒绝了他的一些要求，但只要让孩子感受到被理解、尊重、倾听，他的杯子也仍然能被蓄满。在这种情况下，孩子与父母之间也会形成一种安全的依恋关系，孩子也会变得更加乐于合作。

第三章
原生家庭：
让人既爱又恨的依恋系统

夫妻关系是家庭的"定海神针"，可是这个关系在今天这个社会正在变得松动。2019 年，中国的离婚率已高达 38%，剩下的 62% 里也有大部分人是抱着"凑合"的心态"熬"日子。与其说是家人、伴侣，倒不如说是"合租室友"。婚姻真的等于爱情的"坟墓"吗？美国著名的婚姻心理学家麦琪·斯卡夫并不这么认为。他指出："混乱和争吵是每段婚姻生活或亲密关系的必经之路，而我们要做的是揪出破坏伴侣间亲密关系的'怪兽'，并战胜它，这样才能建立彼此的安全型依恋关系，并打造出幸福的婚姻生活，也为我们的孩子提供一段美好的亲密关系。"

1

"都是你的错"：对婚姻不幸福的误解

现实生活中，很多人都有这样一个普遍认知：婚姻关系或亲密关系是不需要经营的，也不需要学习，婚姻要么充满幸福，要么充满不幸；亲密关系要么依赖，要么放松。但麦琪·斯卡夫在其所著的《亲密伴侣》一书中指出，我们对婚姻积累的临床经验已经足够丰富了，婚姻可以像一项运动一样，通过不断学习和练习达到更高的满意度。

那些对于亲密关系或婚姻关系片面地认为不需要经营的人，通常是因为对婚姻不幸福有下列两种误解，正是这些误解让自己陷入情感依赖的旋涡中，不断挣扎。

误解一：自己没遇到对的人

梁静茹有一首歌，其中的一句歌词是："其实爱对了人，情人节每天都过。"这句歌词非常直观地反映出人们对于婚姻或亲密关系的一种常见看法，那就是觉得只要找到了自己相爱的伴侣，就能过上童话故事里王子和公主的幸福生活。

我们也经常会把这个逻辑反过来思考，认为自己过得不好是因为没遇到对的人，因为对方不是你的灵魂伴侣，他一点也不理解你，所以才会出现种种矛盾。这种想法就是我们对婚姻不幸福的误解之一。为什么这样说呢？想想看，每次你与伴侣闹矛盾，你的脑海里总会冒出这些声音：这个人不是对的人，我们根本不合适；幸福的婚姻不应该是这样的；他怎么能这样对我呢？

常出现这种误解的人，多属于回避型依恋的人格。这种类型的人不仅没办法接受自己的不完美，同时也没办法接受对方的不完美。他们一旦发现对方很完美，就会形成过度依赖，这种依赖会让对方觉得没有自己的空间，更让对方觉得没有安全感，甚至彼此间的关系也会变得不再亲密；一旦发现对方不完美，又会认为自己没遇到对的人，并认为"下一个会更好"。我们知道，任何一段亲密关系都需要独立的私人空间和适当的距离感，这样才能让彼此间的感情升温，但这种类型的人却没有办法把握好分寸。

和谐的婚姻应该是健康的依恋状态，而不是过度的依赖。依恋不等于依赖，依赖是没有独立的自我，依恋却是"你中有我、我中有你"的过程。麦琪·斯卡夫给出这样一个理性的思考：每个进入婚姻的人都要有破釜沉舟的勇气。这不是说无论如何都不能离婚，而是不要轻易把"下一个会更好"当成自己的退路，我们应该尝试着去解决问题，而不是逃避问题。

误解二：自己只是无辜的受害者

存在这种误解的人，会认为自己是个无辜的受害者，把所有的错误都推到对方身上，"都是你的错"成为很多人的口头禅。其实，婚姻里的所有问题都是相互的，爱是相互的，责备也是相互的。

如果在婚姻中一直把自己当作受害者，把掌舵婚姻的权力全都交给对方，那么将永远没有机会改善自己的婚姻状况。只有先打破对于这个错误的理解，勇敢地承担起自己的责任，才能与伴侣一起去寻找解决问题的方法，而不是让自己作为一个问题，被对方解决。

总而言之，只要是亲密关系，都会遇到矛盾和不愉快，但正因为一些人认为"婚姻不幸福是没找对人"，就把所有错误都推到对方身上，把本应该用于解决问题的精力全用在逃避和抱怨上，才让原本可以回归幸福的亲密关系逐渐消失。

当我们消除这两种误解后，我们就能看清：和谐的夫妻关系一定是建立在安全型依恋的基础之上的。正如一句话说得好："我是谁其实并不重要，你认为我是谁才是最重要的。"别人认为你的伴侣不务正业，而你觉得他正在寻求新的方法；别人认为你的孩子是愚钝的，而你觉得你的孩子是最聪明的。当你能向对方这样真诚地表达，对方也会与你形成紧密的安全型依恋关系。这才是收获幸福婚姻的诀窍。

2

紊乱的婚姻养育出紊乱的孩子

孩子永远是父母的影子，父母同时也是孩子的一面镜子，夫妻关系的好坏会直接或间接地影响着亲子关系。幸福的婚姻模式养育出幸福的孩子，紊乱的婚姻模式养育出紊乱的孩子，虽然这不是绝对的，但一定彼此相关。对此，我总结了以下几种现象。

父母婚姻模式紊乱，孩子得不到更多的亲近和关爱，要么变得压抑，要么就会反抗

有人说，父母的幸福婚姻是给孩子最好的礼物。这一点我特别认同，也深有体会。在一个温馨和谐的家庭氛围中成长起来的孩子，往往更加自信、勇敢、有同情心，将来不管面对任何问题，都不会半途而废。

以我的儿子嘉嘉为例，在他两三岁时，我父母照顾他，他总是怕这怕那，这让我当时很焦虑和内疚。我焦虑的是，孩子长大后会不会胆子很小？我内疚的是，孩子之所以这样，都是因为我陪伴他的时间太少了，我没有同他建立更紧密的安全依恋。后来我先生安慰我、开导我，我才慢慢从焦虑和内疚中走了出来。从这以后，我和先生约定：要抽出更多的时间来陪伴孩子。不到一年的时间，我能明显感觉到嘉嘉勇敢多了。有一次，我称赞嘉嘉越来越勇敢了，嘉嘉一拍胸脯说："当然啦，有爸爸妈妈在我身边，我什么都不怕！"我和先生都有一种深深的幸福感。

父母幸福的婚姻除了能帮助孩子培养健全的人格之外，还能让孩子对未来的婚姻形成正确的认知。在孩子日复一日的观察和模仿过程中，如果父母本身恩爱幸福，孩子自己也会在无形中树立起正确的婚姻观，将来在选择伴侣、对待感情方面也会更加成熟、理性。

反之，如果夫妻关系冷淡、不和谐，孩子的内心就会感到压抑，甚至会极度缺乏安全感，将来也会变得胆小、怯懦。而且孩子从小目睹父母不幸福的婚姻，内心也会对未来的婚姻关系出现认知偏差。同样，如果夫妻经常吵架，孩子在这样的环境下就容易产生暴力倾向，与人稍有不和就会暴力相向。这样的孩子对未来的婚姻生活不会抱有美好的向往，即使勉强结婚，也很有可能会复制父母的生活。

父亲对母亲越忽略、越冷淡，母亲就会对孩子越关注，进而形成过度关注

父亲对孩子所做的最好的教育，是爱孩子的母亲。相反，如果父亲对母亲忽视、冷漠，孩子就会缺乏安全感，并容易形成两个极端：一个是内心极度压抑，极易变得自卑、胆小；另一个是出现仇恨情绪和暴力倾向。如果母亲再因为父亲的冷漠而无处倾诉，把所有的情感都倾注在孩子身上，就会令孩子成为我们现在常常看到的"妈宝男""妈宝女"。在母亲的过度关注和保护下，孩子的自理能力也会越来越弱，但同时，他们内心深处的大男子主义、个人主义等思想又会越来越严重，凡事都依赖母亲。即使长大成人后，也难以形成独立的人格，婚后也很难与伴侣、自己的孩子之间形成亲密的关系。

角色混乱：母亲过于强势，父亲过于软弱

幸福的婚姻应该是互敬互爱的，但这样的家庭往往只是少数，多数家庭都是父强母弱，但也有部分家庭是母亲过于强势，而父亲过于软弱。我说的强势女人并不是指"女强人"，这里的"强势"更多的是指性格，而不是事业方面。有一些女强人在工作中作风强硬，回到家里对孩子和爱人却表现得极为温柔，这样的婚姻也是很幸福的。

在母强父弱的家庭中成长，女儿很容易被母亲强势、暴躁的性格影响，将来也可能很强势；而强势的母亲培养出来的儿子却恰恰相反，不仅不会强势，反而还可能很软弱，将来也有可能变得像自己的父亲一样。

在以往的咨询中，我遇到过很多类似的案例。记得有一位母亲带着自家的男孩来咨询，这个男孩长得高大帅气，但给我的感觉却像一只小绵羊一样跟着母亲。这位母亲上来就对我说："我这个儿子别看长得高，做起事来却像个女孩子，一点儿都不大气，性子也软绵绵的，跟他的父亲一样软弱。"我一听到这位母亲凌厉的言语，马上就知道问题的原因了。

接着，这位母亲滔滔不绝地讲起她养育孩子的"历史"，从小到

大，小到穿衣吃饭，大到选择什么样的学校，都是她来做主。我感觉到这个男孩的父亲好像在家里处于一个"可有可无"的位置，可这位母亲到现在也不明白，为什么自己这么辛苦把孩子养大，孩子的性格却变成了这样。

很多母亲可能会问，难道强势的母亲不爱自己的孩子吗？恰恰相反，正是因为母亲太爱孩子，才会导致孩子走向另一个极端。在这种母爱下，男孩子通常会形成一种焦虑型依恋。他会在生活和学习上紧紧依赖自己的母亲，而母亲的这种近似于"入侵式的行为"也向男孩子传递了一个信号：你离开我是做不了其他事情的。在这种焦虑情绪的困扰下，孩子从小就会习惯性地服从于妈妈的要求，同时自己还要努力取悦妈妈，因为"一旦我不这样，妈妈就会生气"。

著名心理学家武志红老师曾说过，童年时期的父子关系指向家庭外部，影响一个人成年之后的社会关系；而童年时期的母子关系则指向家庭内部，影响一个人的亲密关系，比如爱情和婚姻。在这种过于强势的母爱的影响下，孩子将来无论在婚姻方面，还是在社交方面，都会形成障碍。

不难看出，我们的孩子出现的问题几乎都与原生家庭的不幸福、不和谐有关。作为父母，我们有没有考虑过自己的家庭为什么会变得这样呢？如何找出问题的根源并去解决掉它呢？

3

阻碍亲密关系的四个"怪兽"

有人说，哪怕是世界上最幸福、最恩爱的夫妻，一辈子里也可能有过几次离婚的念头。

为什么会这样？为什么在恋爱时感觉对方怎么看都顺眼，怎么看都完美，一进入婚姻，就会越看越不顺眼了呢？追本溯源，我们先看看那些阻碍亲密关系的"怪兽"到底是什么。

第一个"怪兽"：投射性认同

心理学上有个专业的名词，叫投射性认同。简单来说，投射性认同就是把自己无法承担的某些特质或某种情感需求投射给另一个人，把这个特质或需求外化的过程。但这个过程的成立还有一个非常重要的前提，就是对方要认同你的投射，表现出你所希望看到的样子。投射和认同要同时存在，这个过程才能完成。

这里我举一个现实中十分常见的例子。我以前的一位同事郑女士，她和自己倾心多年的李先生结婚了，婚后好景不长，两人之间便矛盾重重。每次郑女士想跟李先生谈谈的时候，李先生都很冷淡，或者故意打岔走开。郑女士心里很委屈，觉得李先生一点都不在乎她。但在李先生看来，郑女士太黏人了，有些问题总是小题大做，动不动"翻旧账"。他必须要表现得冷淡一点，才能给彼此都留一些空间。

从依恋理论来看，郑女士属于典型的焦虑型依恋，李先生则属于典型的回避型依恋：女士想要更亲密，男士却总想着逃避。你可能觉得两个人根本就不该结婚，但其实他们刚开始恋爱时，也正是同样的特质让彼此相互吸引。在李先生眼里，郑女士是个特别热情、富有感染力的人；而在郑女士看来，李先生身上那种疏离、冷淡的气质特别迷人，正好与她形成互补。所以郑女士的热情和李先生的冷淡是早就存在的，那为什么他们当时不仅没把这当成麻烦，反而特别享受这种互补呢？

郑女士和李先生的关系就是典型的投射性认同。李先生性格内向，不善于表达感情，他把对亲密关系的渴望投射给了郑女士；而郑女士渴望理智和冷静的投射，又被李先生接收了。两个人通过让对方成为自己投射的载体，与自己的现实互补，这种"完美伴侣"的错觉就产生了。

但建立在投射性认同上的关系有一个致命的问题：它会带来互动模式的固化。郑女士本身是热情的，她就需要一直主动；李先生本身是冷淡的，他就必须始终维持这种被动的形象。两个人必须保持着这种固定的关系模式，一旦其中任何一个人想要改变，都会扰乱投射和认同的过程，让原本"和谐"的关系变得问题百出。

你可能会想，既然他们可以完美互补，那就不要改变，一直维持现状不行吗？但是，亲密关系也是一个人追求自我完整的过程，我们寻找与自己互补的伴侣，并不是为了停在原地，永远通过虚假的投射来获得幸福。相反，每个人都希望自己可以变得更真实、更有力量，能学会慢慢接纳之前自己处理不了的那部分特质和需求，从而形成更完整的自我。

比如，郑女士偶尔也想表现得不那么热情，让李先生主动关心一下自己；而李先生也希望自己能为婚姻做点什么，而不是总活在郑女士的安排里。他们的本意都是想提高婚姻质量，但投射性认同带来的互动模式的固化却不允许他们做出这样的改变。一旦郑女士发现李先生不再像从前那么配合她，她就会变得非常抓狂，把李先生的改变解读为"他不爱我了"；而当李先生发现郑女士变得越来越黏人，还总"疑神疑鬼"的时候，他也会立刻打消与她亲近的念头，甚至想要躲得远一点。

这其实就是阻碍亲密关系的第一个"怪兽"，投射性认同带来的互动模式的固化，让原本互补的两个人变成了互斥。

第二个"怪兽"：角色的变化

角色的变化会偷走伴侣间的爱和亲密。比如，恋爱时你觉得对方特别潇洒，为人大方，做事不拘小节；可当你们从情侣变成了伴侣之后，他的大方就变成了不会过日子；当你们有了孩子之后，这种随心所欲更会成为你们夫妻之间经常争吵的导火索。对方对孩子的事根本不上心；孩子的作业写不写也不在乎；孩子考试考第几名也无所谓；在你管教孩子的时候，对方还总充当和事佬，这些都让你烦透了。

这就是角色变化造成的矛盾。婚姻是两个人的加法，每个人的角色都会随着婚姻的进程变得更加多元化，双方要应对的事情远比恋爱时要复杂，这也会导致原来的某些优点变成缺点。长期下去，两个人在反复的争吵中，消耗着彼此的爱意。

第三个"怪兽"：权力斗争

作为旁观者，你可能会想，难道夫妻俩就不能互相让一步、配合一下对方吗？其实，婚姻里的问题并不只是"谁让一步就能解决"这么简单，示弱的人常常不甘心，而得到满足的人又会得寸进尺，这就像两个人总是一个在追，一个在逃。

为什么会陷入这样的僵局呢？原因就在于所有的关系都伴随着权力的斗争，而权力的斗争正是影响亲密关系的第三个怪兽。

我们还是来看郑女士和李先生。表面上看，郑女士和李先生争吵的原因只是对方的某个行为，但本质上他们是在争抢定义相处模式的权力。郑女士需要的是有求必应，但李先生却认为伴侣间也应该保持适当的距离。他们拼命寻找对方的不是，其实就是想要通过指责对方来争抢话语权。一旦一个人接受了指责，就说明另一个人赢了，他就有权力决定这段关系应该是怎样的；而另一个人作为输家，只能被动地接受。试想一下，谁都不想输，谁都不认错，矛盾自然就会不断激化，总是这样吵下去，两个人又怎能保持亲密关系呢？

第四个"怪兽"：家族谱系

除了以上三个怪兽之外，还有一只更隐秘的"怪兽"藏在你的亲密关系之中，有时你甚至意识不到它的存在，它就是家族谱系。这里的家族谱系指的不仅仅是你的原生家庭如何对待你，还包括你的父母的婚姻状况、你的出生顺序，甚至你在原生家庭里的地位等。

我们仍然以郑女士和李先生的故事为例。我们研究这两个人的成长经历和父母的感情状况时，会发现一个非常有意思的事情。郑女士的父亲是一个家庭观念不强的男人，他每天都忙于工作，很少关心自己的妻子，也很少像别的父亲一样，表达对孩子的爱，这简直与李先生一模一样。当郑女士遇到李先生时，这种熟悉的感觉就会让她觉得李先生非常迷人。其实不仅仅是郑女士，很多人在择偶时都会潜意识地从伴侣身上寻找父母的影子。

为什么我们择偶时总会无意识地选择跟父母相似的人呢？这就是心理学上的强迫性重复，即我们通过主动重复过去的经历来寻找补偿的一种心理机制。之所以会出现强迫性重复，实质是基于人际关系中感受到依恋的安全程度。

对郑女士来讲，她希望能改变李先生，让他变得主动一点，从而弥补童年时被爸爸忽视的缺憾。但李先生并不是一个任由郑女士摆布的"傀儡"，当他不愿意沟通时，郑女士感觉到的不仅仅是对李先生的失望，还激发了从童年时期就深藏在心中的愤怒。这些叠加的情绪很容易让人反应过度。而郑女士的反应越激烈，李先生就越想逃避。因为在李先生的成长经历中，他的母亲也特别依赖他，做什么事都要跟他在一起，这让具有回避型依恋特征的他感觉透不过气。郑女士的步步紧逼，也让李先生在潜意识里把她当成必须要逃离的"母亲"。

这就是家族谱系对伴侣关系的潜在影响。当婚姻中的两个人都把对方当成自己童年的父母，而不是一个与自己一样，需要被看见、被满足的独立个体时，就会走向互相埋怨、互相伤害的"死循环"。而且这种死循环还会带给我们的下一代，使他们的生活中同样出现类似的问题，这样就很难与伴侣建立起亲密的夫妻关系，也很难与孩子建立起亲密的亲子关系。

4

拆破合谋：重建亲密关系的四项修炼

任何夫妻间的亲密关系中，都或多或少隐藏着几只"怪兽"，对此，你的内心可能会有些绝望。如果只是小问题，你还能改正，但如果问题来自你过去的经历，这该如何解决呢？这是不是就意味着你的婚姻就要活在被过去生活的"绑架"之中呢？

其实，虽然我们没办法改变过去，但只要我们意识到了过去对现在的影响，就能把现在同过去分离开来。

我前面说过，婚姻里的所有问题都是伴侣的"合谋"。当夫妻关系中存在着投射性认同时，任何一个人的改变都会打破这种关系的平衡，让矛盾变得更加尖锐。

我认识一位高先生，他在认识自己的另一半乔女士之前，正处于人生的低谷期，不仅每天都喝得酩酊大醉，还染上了很多坏习惯。

正因为乔女士一直照顾他、安慰他，才让他重新获得了面对生活的勇气。两个人结婚后，高先生努力上进，戒烟戒酒，并在他们婚后的第七年，高先生彻底摆脱了酒精的控制，还找到了一份体面的工作。

当这一切看起来就要苦尽甘来之时，高先生却背叛了乔女士，偷偷地出轨了。不可否认，高先生的行为肯定是错误的，但我在梳理了两个人的关系后，同样也发现了乔女士的问题。

在乔女士的心里，她希望高先生永远是那个脆弱的男孩，对她言听计从，接受她的照顾，所以她对高先生表现出的改变非常抗拒，还像之前那样管着他。当高先生准备去找工作时，乔女士不仅不鼓励他，还总是给他泼冷水，认为他又拖拉，又没有责任心；如果压力太大，他可能还会回到过去那种混乱的状态，所以还是待在家里，什么都不要做更好。

从这个案例中我们能看到，乔女士和高先生之间其实就是典型的一个人改变、而另一个人不愿意改变的例子。婚姻是一场两人三足的长跑，仅仅改变自己是无法解决问题的，真正需要的是与伴侣一起想办法，改变夫妻的互动模式。

具体应该怎么做呢？我在阅读麦琪·斯卡夫《亲密伴侣》一书的时候，获得了这样一套简单实用的行为训练。这套行为训练一共分为四项。

第一项训练：倾诉和倾听

事先和伴侣约定一个时间，每个人用半小时到一小时的时间倾诉；一个人在说的时候，另一个人必须保持完全沉默，既不能反驳，也不能接话，必须等到另一半说完，轮到自己倾诉时才能开口。

用这个简单的规则来取代一人一句的争吵，可以让说的人有机会厘清思路，看到自己的需求和问题，也让听的人能真正了解对方的想法，而不仅仅是用片面的理解去揣测对方。

这种沟通方式可以让每一方都独立发言，这也是一种对各自独立人格的尊重。独立的人格和亲密的关系是不可分割的，如果关系中的双方都只是一味地迎合对方而失去自我，这种关系一定是不健康的，也是不长久的。

第二项训练：单双日"轮流坐庄"

你可以跟伴侣约定好，每个人轮流提一个关于亲密关系的要求。这个要求一定要非常具体，并且另一方不能拒绝。

当然，你也不必担心另一半会向你提出一些让你难以完成的要求，因为你们彼此是轮流提要求的，这种方式就能让伴侣慢慢意识到，配合对方并不需要完全牺牲自己。婚姻的模式本来就不是简单的一胜一败，而是彼此共赢的。当你在可以让步的范围内满足对方的要求时，你也同样享受到了对方回馈你的爱和关注。

第三项训练：适量增加要求的数量

当你们逐渐熟悉了这种"轮流坐庄"的训练之后，第三项训练就是适量增加要求的数量。你们可以在自己的"坐庄日"，把对彼此的要求慢慢增加到三或四个，这些要求也必须非常具体，而且一定是能在当天完成的。被要求的一方不能拒绝，这样可以通过加强互动来增加伴侣间的亲密度。

第四项训练：控制和超越控制

控制和超越控制是指当你觉得对方的要求不合理、或你不想配合的时候，你可以拒绝对方的要求。为什么要这么做呢？试想一下，当对方提出了让你为难的要求时，你的心里应该挺不情愿，甚至还会有点生气，觉得自己成了对方的傀儡，完全被牵着鼻子走。但是，强迫服从并不是这个行为练习的最终目的，如果你不是心甘情愿地让步或配合，只要练习一停，之前的问题就又会重新回来了。

通过加入"拒绝"的选项，伴侣双方都可以慢慢寻找自己和对方的底线，了解在什么情况下你们都能完成得很开心，在什么情况下你们又会觉得特别为难。通过这个磨合的过程，夫妻双方可以更好地了解对方、了解自己。

以上四项是重建行为关系的行为训练。需要注意的是，在实践这四项行为训练的过程中一定不要心急，每项训练最好都能坚持几周时间，直到你们能熟练配合之后再进行下一项。婚姻里的矛盾不是一天形成的，所以千万不要以为你花上一天的时间就能解决全部问题，慢慢坚持才会有进步。

最后，还需要提醒大家的是，不要把两个人的矛盾"三角化"，也就是不要把第三方牵扯进你们的矛盾里。比如父母、孩子、朋友等，尤其不要牵扯孩子。很多家庭会选择把孩子当"避雷针"，明明是对对方不满意，偏要牵扯孩子。这种做法不仅会伤害伴侣间的感情，还会影响孩子的成长。

试想一下，当孩子成了你们互相传话、报复对方的工具时，他怎么能与你们建立安全型依恋关系呢？他又怎么能感觉到被爱和被尊重呢？归根结底，婚姻只是夫妻两个人之间的事情，只有先"去三角化"、直面问题，才能解决问题、提高婚姻的质量，也才能给孩子创造有爱的成长环境。

5

角色定位：不同阶段父母的角色转变

众所周知，在夫妻关系中，角色的变化会偷走伴侣间的爱和亲密。这种角色变化不仅仅在于夫妻本身，更多的是源于孩子的出现，让夫妻的角色定位出现新的变化。我在与很多新东方的资深教师或集团培训师交流时，都会有这样一种感受：我们在教育孩子的过程中，有时很难与另一半的观念保持一致。有一位新东方资深培训师曾和我说："我与我先生的关系其实非常好，但当我们在孩子的教育观念上出现不一致时，就会产生巨大的分歧。"

夫妻之间之所以出现教育观念上的分歧，其中一个很重要的原因就是角色分歧。也就是说，夫妻二人没有在孩子成长的各个阶段把握好自身的角色转变。

我们该如何在孩子的成长过程中，顺利完成父母的角色转变呢？

第一个阶段：0~3岁的婴幼儿时期，此时母亲需要多为孩子付出，父亲尽可能地分担责任

3岁之前，孩子最爱的人是那个总在身边照顾他的人，而绝大多数情况下母亲都是孩子最爱的人。这个时期建立亲子间的依恋关系很重要，母亲需要付出更多精力去关注自己的孩子，而父亲这个时候要尽可能多地陪伴孩子，帮助母亲分担照顾孩子的责任。

这一时期，夫妻双方都要建立起家庭共同承担责任的观念，共同抚养孩子，并在这个过程中学会享受孩子带来的快乐，共同去收获相濡以沫的感觉。

这里分享一下我的经历。我在新东方的工作相对来说是比较繁忙的，记得自己刚出月子没多久，我就回到工作岗位了。在这段时间里，我的儿子嘉嘉基本上都是我的父母和我一起照顾的。一直到嘉嘉四岁半，我才抽出更多的时间来陪伴儿子。

在处理家庭各种关系的时候，我会经常告诉自己：我是一个既不想放弃家庭、又不想放弃工作的女人。既然如此，那我就必须付出更多。为了我的生活，为了我的各种关系，或者是为了我的不同角色，我需要去承担更多的责任和义务。

首先，在家庭关系中，我把夫妻关系放在第一位。周末，我会抽出时间与我的先生共处，哪怕只有两小时。比如去看一场电影或在外面找个地方一起吃顿饭。

其次，我要陪伴嘉嘉。比如，我会陪嘉嘉上一节户外课，陪他去玩一个游戏。在这个过程中，我还会有更多的思考：我想建立更好的亲子关系，但亲子关系不只是我和儿子，还有和我的先生三个人共同的关系。如果要陪伴儿子，我是不是需要考虑三个人一起相处？

最后，我还要考虑我的父母。他们每天帮我照顾嘉嘉也很辛苦，周末是不是要适当地给他们也放放假？让他们与好朋友一起爬爬山、打打麻将，还他们一个相对轻松的时刻。

当然，如果我工作比较忙或需要出差，无法做到彼此兼顾时，我就告诉自己：每天晚上尽量与孩子、先生、父母、公婆都通一次电话，让他们知道，哪怕我工作再忙，也在兼顾生活。当你展现出一种比较正向或理性的状态时，也展现了你对家人负责的态度。这一点对于他们来说非常重要。

第二个阶段：3~6岁的幼儿时期，此时应与母亲的心理形成分离，并建立对父亲的认同

在3~6岁的幼儿时期，每个孩子都要经历一个非常重要的心理历程，这个历程就是与母亲的心理分离，建立对父亲的认同。这也是每个孩子成长的重要标志之一。

通常，孩子在出生的八九个月后就会出现分离焦虑，也就是我们

常说的"认生"。一岁半左右，这种分离焦虑会逐渐减弱，孩子不再像以前那样黏人了。这种情况一般会维持到三岁开始上幼儿园时，分离焦虑会重新出现，这时每个孩子因个体差异的不同表现得不同。

那些早期与母亲形成安全型依恋的孩子，在面对母子分离上会表现得更为自然。根据依恋理论，这样的孩子在家庭中亲子关系表现亲密，每次的需求总能得到父母及时的回应，内心建立了强大的安全感，所以他们并不介意与父母长时间的分离，他们还会更加渴望对外界的探索。相反，那些早期没有形成安全型依恋的孩子，与父母之间的关系保持得不够亲密，其内心也会特别害怕与父母分离。

那些早就建立了安全型依恋的孩子，在此时期已经具备一定的独立自主能力，不会再像婴儿时期那样需要母亲时时刻刻的关注。这个时候他们需要实现对母亲的心理分离，不要那么依赖母亲，而父亲此时要做孩子非常好的玩伴。

此时，母亲需要帮助孩子和父亲建立起信任，母亲可以在孩子面前多说："爸爸可以陪你！""爸爸很棒！"通过这种方式去实现孩子此时期重要的心理历程的转变。而父亲也要主动参与孩子的生活，进行高质量的陪伴，并帮助孩子逐渐建立起对爱的认知。

第三个阶段：6~12岁的少儿时期，父母应共同承担养育的职责，不同分工，协同合作

孩子在12岁之前一直与父母保持着依恋关系，这种关系与孩子的年龄成反比，年龄越小越重要。更进一步说，年龄越小，形成的安全

依恋对孩子将来的影响意义越深远。这段时期，无论夫妻关系还是亲子关系，都要保持相互之间的支持。这个支持主要体现在我们不要尝试去改变对方，而要说服自己去接纳对方。比如，我们不要尝试改变伴侣，不要尝试改变孩子，也不要尝试改变父母，我们要学会尝试无条件地接纳对方。

没有人喜欢被说教，也没有人喜欢被控制。当我们想要改变对方时，无论你认为出发点多么好，无论这个道理多么正确，对方都会表现出抗拒和排斥。比如，孩子在玩水，父母会嫌孩子把身上的衣服弄湿了，这本身是有道理的，但无论父母的出发点多好，其实都是在传递着"我不喜欢你现在的样子，你应该变成另外一个样子"的信号。当父母试图在传递这种想法时，本身就会让对方排斥。

孩子与我们相处的过程中，感受更多的不应该是道理，而应该是开心，是陪伴带来的喜悦。所以我们在和家人相处时，一定不要想着如何去改变对方。人本身不是机器人，也不是用来纠正的，人应该是用来了解的、用来感受的。因为了解、因为感受，对方才会发自内心、有动力地想要去改变。这是我们在夫妻关系、亲子关系中需要特别注意的一点。

第四个阶段：青春期时期，应该是父进母退

当孩子到了青春期时，家长要做的是父进母退。在这一阶段，孩子会极力想冲破成人世界的束缚，做独立的自己，而母亲此时可能正处于最容易唠叨的更年期，双方之间也容易爆发矛盾。这时父亲作为

一个理性的陪伴者，如果能以更权威的身份参与，就能帮孩子建立起对同性或异性正确的认知。

这里我们要意识到一点，父亲对孩子的态度，从心理学角度上取决于父亲和孩子的权力关系。孩子与父亲处于权力较量、利益争斗时，父爱的无条件性就会大大减少。这一点很多男孩应该深有体会。为什么很多男孩在青春期时是没办法和父亲形成很好的沟通的？因为这时的父亲总会以男性的权威教育孩子，这对于正处于青春期、想要快速成长的男孩来说，一定是难以接受的，结果亲子之间的爱就变成了一场权力之争。

所以，当这个时期的孩子逐渐表现出叛逆时，父亲更需要以朋友的身份多与孩子沟通，适时地提出一些理智权威的建议。

在此基础之上，我要特别强调的是，任何时候父母的教育观念都要尽可能地保持一致。我们可以认可细节上的不一致，但大方向上必须一致。我们的理念一定要保持相对的一致，而且要尽量去找到细节上不一致的背后原因。很多时候我们和另一半的观念不一致，但如果我们把它推导到教育的很多细节上，会发现大家想要实现的目的都是一致的。所以，在寻找具体细节不一致的过程中，更多的是要推导出观念的一致性，然后实现有效的协商。

6

即使分手，也请少给孩子一点伤害

"愿得一人心，白首不相离。"这样的生活多少是现代人向往和憧憬的。钱钟书老先生笔下的婚姻是"围城"——城里的人想逃出来，城外的人想冲进去。有些生活在"围城"里的夫妻每天挣扎，当两个人的感情走到最后不能再维持下去时，离婚、分手便成了大多数人逃离"围城"的最后选择。

鱼与熊掌不可兼得，选择总是很艰难的。在这个选择上，很多夫妻都会产生两方面的纠结：一方面，夫妻离婚、分手，孩子会成为整个事件最大的受害者。孩子本身是无辜的，最后却要背负巨大的心理包袱。另一方面，夫妻之间既然没有感情了，各自分手后重新追求自己的美好生活又是各自的权利。

我们经常能看到周围那些身陷婚姻围城的人，因为怕分手给孩子带来的巨大伤害，只能自己苦苦挣扎于围城之中，生活既不快乐，又跳不出来。这样对孩子真的有利吗？

从心理学角度来说，当一个孩子相信父母始终都在身边并有能力回应他的安全需求时，他的安全型依恋就会大大提升；但如果父母在孩子有安全需要时不能及时存在或回应，那么孩子就很容易形成不安全型依恋。而父母的离婚就成了诱发这些事件的导火索。

夫妻离婚或多或少都会对孩子产生影响，如果离婚前孩子和父母之间就存在着安全的依恋关系，那么离婚对于孩子的影响并不太大；反之，如果离婚前孩子没有形成安全型依恋，夫妻间的离婚、分手就会加大这种不安全型依恋的隐患，尤其是已经懂事的孩子。

事实上，大部分夫妻走到离婚这一地步都是积怨已久。也就是说，离婚前很长的一段时间里，夫妻间的感情早已失和了。此时两个人无论在离婚前，还是在离婚后，都已经失去了足够的耐心来及时满足孩子的真实需求，有的父母甚至对孩子也不再像以往那样上心了，有的父母还会因为一些小事迁怒孩子，通过这样的方式来宣泄自己的痛苦。

在我接触的很多家庭案例中，这样的案例占了大部分。在这种家庭中长大的孩子，很可能会发展成不安全型依恋。比如，父母长时间疏于照顾孩子，就会让孩子缺乏探索世界的自信心和安全感，难以在以后的生活中与他人建立亲密关系。这样的孩子就很可能会发展成回避型依恋，长大后也不知如何与他人建立亲密关系。即使与他人建立关系后，由于他的猜疑心很强，缺乏包容他人的能力，也会造成彼此关系的紧张。

还有的父母过于冷漠，导致孩子内心产生沮丧、焦虑和愤怒的情绪，最后可能会发展成焦虑型依恋。这样的孩子容易产生自卑心理，而为了对抗这种心理，他又会寻求与其他人极致的亲密关系，这也是一些孩子早恋的原因。而这种矛盾心理将来也可能影响他与伴侣的亲密关系，他会不断地向伴侣索取爱，以此来营造彼此的亲密关系，但结果却让伴侣不舒服，进而让关系变得更加紧张。

我在很多个案中还发现了一件更令人担心的事。很多单亲家庭中的孩子常常会有这样的想法："爸爸妈妈的分手是因为我做错了什么。"孩子的内心深处会认为是自己不好或有罪，才导致父母离婚。孩子一旦背上这种包袱，长大后就会缺乏自我认同感。也许他将来会在学业和事业上有所成功，但在与他人的关系中却会过于焦虑，成家后也容易把家庭关系弄得一团糟。

李中莹老师这样说过："父母（分手）要做的第一件事就是必须清楚地让孩子明白，父母分开与孩子无关。在这个问题上，一点点玩笑都不可以开，只要有过一次，比如有人说（特别是父母）父母分开就是因为你不够好，都会在孩子内心产生非常大的伤害，甚至会成为孩子一生的伤疤。其实孩子很懂事，事情是怎么样的，如实告诉他，孩子会理解父母的。"

夫妻离婚这件事，会使父母与孩子间的依恋关系由于某些改变而减弱，但这并不代表父母为了孩子必须勉强维持本身不幸福的家庭，而且勉强维持的家庭对孩子的伤害远比单亲家庭更为强烈。只要夫妻双方能帮助孩子在内心中把双方分手这件事做出正确的定位，相信离婚这件事对孩子造成的影响也会降到最低。

那么，聪明的父母如何去做，才能把对孩子的伤害降到最小呢？

不逼迫孩子做选择

在很多的离婚案例中，我发现很多妈妈都抱着这样的想法："孩子是我十月怀胎辛苦生下的,所以一定要跟着我。"也有少部分妈妈觉得:"离婚后我还想再婚,如果带个孩子,就像带个'拖油瓶',所以我不想要。"也有一部分看似"明智"的父母,当向孩子宣布离婚决定之后,马上就逼着孩子选择跟谁生活。

把这种选择权交给孩子,对于幼小的孩子来说实在过于残忍。父母对于孩子来说,就像是他的左手和右手,都是与生俱来的,如果非要斩掉一只手,那一定会痛彻心扉。不管怎么选择,都会让孩子感到无比的愧疚和不安。

所以我的建议是,与其让孩子做选择,倒不如父母根据自己的实际情况、与孩子的关系及经济状况等方面做一些理性的思考,考虑孩子与哪一方生活在一起更适合孩子的健康成长,这才是最理智的做法。

不在孩子面前说对方的坏话

很多夫妻离婚通常都不是好聚好散的,多数都是朋友做不成,最后成了仇人。比如,有的夫妻一方会在孩子面前说另一方的坏话,平时也不允许另一方与孩子见面,以对另一方进行情感报复。

其实无论谁对谁错,从两个人决定分手的那一刻起,就应该再无纠结、恩怨了。当大家以成年人的身份经历了恋爱、结婚、分手的每一步时,双方都要为当初的这些决定负责。这就好比周瑜打黄盖,一个愿打一个愿挨,没有谁对谁错,所以彼此也无须责怪对方。尤其对于有孩子的双方来说,两个人要从孩子的角度考虑问题,虽然双方不一定要做朋友,但至少不能让孩子替大人背负这种负面情绪。

不推诿照顾孩子的责任

有些准备离婚的妈妈常找我抱怨说:"解老师,我要离婚了,但我不想照顾孩子,我还有自己的生活,可孩子的爸爸也不想照顾孩子,怎么办呢?"

也许有人觉得孩子都是父母身上掉下来的肉,谁愿意放弃呢?可事实上上述的案例并不在少数。离婚本身就是要解脱,可为了解脱,双方都不想要孩子,或者说都不想分担照顾孩子的责任。试想一下,这样被无情抛弃的孩子多么可怜,孩子内心受到的伤害肯定是无以言表的。

无论如何,父母离婚都会对孩子造成一定的心灵创伤,但真正伤害孩子的不是父母离婚这件事,而是父母对待离婚的态度。如果父亲、母亲又或是其他监护人给予孩子足够的爱护与需求,帮助孩子建立起安全型依恋,孩子仍然可以拥有幸福和快乐的人生。随着时间的流逝,大部分孩子的内心自然也会接受父母离婚的事实,逐渐抚平伤痛,成为一个坚强的人。

第四章

亲子误会:
孩子问题行为背后的心理动机

很多时候，孩子的真实心理或动机远不是他表现出来的样子，如果父母不能洞悉孩子各种问题行为背后的真实心理或动机，就容易对孩子产生误会，严重时甚至会令亲子关系陷入困境。只有找出孩子各种问题行为背后的真实动机，才能对自己的教育方式做出调整，然后对孩子的需求给予适当的满足和回应，帮助孩子获得安全型的依恋。只有当孩子与父母的依恋关系质量提高了，孩子才会越来越有安全感，对世界的信任感也会增强，以后也更容易走向独立。

1

"冰山理论"：你对孩子的误会有多少

我们常说，感情都是相处出来的，孩子与父母依恋关系的建立也是如此。但我们看到的却是很多父母与孩子的日常相处充满了"相爱相杀"。

问题都出在父母身上吗？也不全是。很多时候只是父母误会了孩子，没有理解孩子一些问题行为背后的真正动机，才没有有的放矢地找到与孩子沟通的恰当方式。

嘉嘉在上幼儿园时，有一段时间，他一回家就跟我说，他不喜欢幼儿园，因为幼儿园有大老虎。当时我很不解，但还是尽量告诉他，老虎住在森林里、草原上或动物园里，不会住在幼儿园，老虎不喜欢幼儿园。

为了帮嘉嘉摆脱对老虎的恐惧，我经常在早上送他去幼儿园时，刻意陪他走过幼儿园的角角落落，去验证那里并没有老虎。同时，我还给他讲很多关于动物的绘本，每天晚上睡觉前还会刻意问他："长颈鹿住在哪里呢？大鳄鱼住在哪里呢？大老虎住在哪里呢？它们喜欢我们家吗？它们喜欢幼儿园吗？"

我以为通过这种方式能让嘉嘉明白，幼儿园是不会出现老虎的，这样他就能慢慢放下恐惧。可我忽略了一个重点，就是嘉嘉为什么会认为幼儿园有老虎呢？直到有一天，我到幼儿园去接他，看到老师正拿着勺子喂他吃饭，并且还配合着说了句："来，张大嘴巴，大老虎，啊呜！"

我恍然大悟，原来是这句话让他坚信幼儿园是有大老虎的。而我所做的努力，实际上很难抵消老师每天重复向他灌输的这些话。

当然，我没有要求老师不要对嘉嘉说这句话，而是后来慢慢告诉嘉嘉，老师那样说只是一种比喻，意思是让小朋友大口大口地吃饭，就像大老虎吃食物一样。为了让嘉嘉更好地理解，我还会在他吃饭慢吞吞时故意对他说："是不是小乌龟来了呀？"在他不爱吃饭时问："大老虎吃饱了吗？"

后来，我记不清从什么时候起，他就不再害怕老虎了。

很多时候，孩子表现出来的一些言行都不是故意为之。哪怕是那些让大人很头疼的问题行为，如任性哭闹、乱发脾气、撒谎、磨蹭、说脏话、过分依赖、出现攻击性行为等，背后也都隐藏着一定的动机。如果我们只看到问题的表象，从表象去解决问题，很可能就会误会孩子。只有先弄清孩子这些行为背后的潜台词，才能减少对孩子的误解，与孩子实现良性的沟通。

我在给家长们讲课时，经常会提到"冰山理论"。这是美国著名心理治疗大师维琴尼亚·萨提亚提出的一个理论，它其实是一种隐喻，

第四章 亲子误会：孩子问题行为背后的心理动机

指一个人的"自我"就像一座冰山，别人看到的只不过是"冰山"表面的一部分，也就是这个人表现出来的行为。而更大一部分内在世界却隐藏得很深，是不为人所见的，就像冰山的内部一样，这些内在的世界包括行为、应对方式、感受、观点、期待、渴望和自我七个层次。

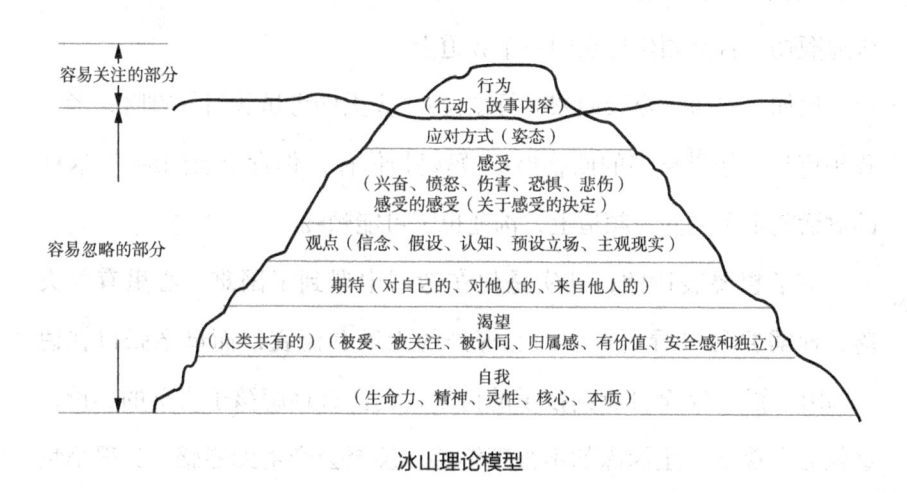

```
容易关注的部分  ┃ 行为
               ┃ （行动、故事内容）
               ┃ 应对方式（姿态）
               ┃ 感受
               ┃ （兴奋、愤怒、伤害、恐惧、悲伤）
               ┃ 感受的感受（关于感受的决定）
容易忽略的部分  ┃ 观点（信念、假设、认知、预设立场、主观现实）
               ┃ 期待（对自己的、对他人的、来自他人的）
               ┃ 渴望
               ┃ （人类共有的）被爱、被关注、被认同、归属感、有价值、安全感和独立
               ┃ 自我
               ┃ （生命力、精神、灵性、核心、本质）
```

冰山理论模型

很多时候，我们表现出来的行为与内在的真实感受、期待等都是不同的，孩子也是如此。父母要想真正了解孩子，减少对孩子的误会，帮助孩子解决他们面临的问题，就要试着去了解和掌握"冰山理论"，去探究孩子"冰山"下层部分隐藏的真实情感。只有当父母真正看到了孩子的内在情绪、需要，看到了他内心真正的期待，才能用孩子需要的方式与他沟通，从而让沟通变得更顺畅，也让彼此之间的关系更加亲密。

父母怎样才能掌握冰山理论，看到孩子的内心所需呢？我将通过提出以下观点来引起家长们注意，这些对了解孩子某些问题行为背后的心理动机会大有帮助。

学会与孩子同频共振

"同频共振"是沟通心理学中的一个名词,它的意思是两个人要想沟通顺畅,就必须保持在同一个频道上。

比如,当孩子今天回家对母亲说:"今天的考试题目好难呀,考得我头疼!"如果母亲的回答是:"妈妈相信你,你肯定没问题。"这样的对话就不是在同一频道上,沟通也不可能顺畅。

孩子想要表达的,其实是他在考试中遇到了困难,心里有些失落,他需要父母看到自己内心深处的无助和沮丧,而母亲张口就说"我相信你",完全没看到孩子的情绪,也没有理解孩子失落的心情,这就会令孩子产生深深的不被理解感,甚至会产生无能感,觉得辜负了母亲的信赖。

相反,如果此时母亲能这样对孩子说:"你们最近的测试题似乎都挺难的,连我这个曾经的'学霸'看了都打怵。你先好好休息一下吧,回头咱们再慢慢找方法。"这就与孩子实现了同频共振,孩子也会感觉自己隐藏在"冰山"下层无助、沮丧的情绪被父母看到并接纳了,心中的失落感也会减少,并且也愿意开口向父母说出自己更多的感受和想法,甚至还可能由此激发起更大的学习动力。

用发展的眼光看待孩子

天下没有完美的父母,也没有完美的孩子,但每个孩子都是独一无二的，只有优点和缺点结合在一起，才是一个正常的孩子。所以，就算孩子可能会表现出一些让父母不满意的行为，父母也不应该分分钟被激怒，而是应该告诉自己，控制好情绪，去了解此时孩子内心真实的需求。有时孩子表现得不够好，可能是因为他的一些内在需求没有被满足，或是外界环境影响了他。如果父母能这样考虑问题的话，就能用发展的眼光去看待孩子，而不至于只盯着孩子的缺点不放了。并且当父母能这样看待问题时，还会对孩子多一点体谅和宽容，让孩子能感受到自己的言行是可以被父母接纳的，从而也愿意对父母敞开心扉，并努力提升自我，成为父母眼中更可爱的孩子。

激励孩子成为更好的自己

每个孩子都希望自己是优秀的、足够好的，但任何一个人的成长过程都不可能一帆风顺，会遇到各种各样的困难。当孩子向父母抱怨"为什么我不如别人优秀"时，其实他的内心是非常希望自己能变得优秀的。只不过这种需求隐藏在"冰山"的下层部分，孩子自己和父母都难以察觉罢了。

此时如果父母这样回应孩子："你就是不如别人聪明""还不是因为你不够努力，你看人家××……"显然是背离和否定了孩子的真正需求，孩子也会更加难过。可想而知，为了不再被父母否定、不再让自己更难以接受，孩子再有什么话也不愿意对父母讲了。

但如果换一种方式，这样回应孩子："你认为自己不如别人优秀，其实你心里很想变得更优秀是吗？"我相信 90% 以上的孩子都会认同父母的这种说法。

怎样才能变得更优秀呢？这才是当下父母与孩子要解决的问题，此时父母就可以进行积极的归因，比如告诉孩子："你现在已经很努力了，如果再努力一点，并且坚持下来，你就会变得越来越好。"获得了父母的理解和激励的孩子，内心也会充满了对自己的积极期待，因而也愿意像父母说的那样：再努力一点，坚持下去，成为更好的自己。

事实上，父母经常通过孩子的外在行为和情绪变化来教育孩子，很容易令孩子遭遇"情感忽视"，孩子也会因此与父母的关系逐渐疏离，甚至会带来一生的影响。在《被忽视的孩子：如何克服童年的情感忽视》一书中，作者就这样写道："经历过情感忽视的人，成年后表面看起来很正常，但他们通常意识不到自身根基的结构缺陷，也不知道他们的童年对自己仍在发挥作用。相反，无论他们在生活上遇到什么困难，他们都会倾向于责备自己。"

由此可见，父母与孩子之间的情感连接对于孩子的成长及性格的养成都至关重要。所以，希望父母在面对孩子的外在行为、情绪表现及对问题的应对方式时，不要急于回应孩子，而是运用"冰山理论"，弄清孩子这些言行背后隐藏的真实的内心世界。只有这样，父母与孩子之间才能实现顺畅的沟通，彼此之间也才能建立起亲密的情感关系。

2

"明知故犯"说脏话、说狠话——寻求关注

关注，就是用眼睛去看或者用心去对待某个人、某件事。很多人都会渴望这种被关注的感觉。试想一下，当你成为别人目光的聚焦点，享受着别人的关心和爱护，内心是不是会有一种满满的幸福感？如果你会有这种感觉，那么孩子同样会有，而且孩子对这种感觉的渴望比成年人更加强烈。

所以，我们经常会看到这样的场景：孩子会把自己的任何一个发现都大声地说出来，吸引大人的注意。这就是一种寻求关注的表现。而且，孩子也更希望父母能将目光放在他们身上，给予他们更多的关注。

相反，假如我们只顾做自己的事，孩子得不到关注，他们就会产生一种被忽视感。这时，他们就会想尽一切办法，希望能引起父母的注意，而其中有一种试图引起大人关注的方法，就是说脏话、说狠话。

很多时候，孩子说脏话也好，说狠话也罢，他们并没有恶意。他们甚至也很清楚自己说脏话、说狠话是不对的，那为什么还"明知故犯"呢？原因很简单，他们只是在寻求大人的关注而已，他们真正想说的其实是："我心情不好，我想要被安慰。""我需要你理解我！""我希望你能关注我！"……但很多时候，家长并不能理解孩子这种行为

背后的真正原因，认为孩子这样就是没礼貌、学坏了、无理取闹，因此也会马上制止、教育孩子，甚至对孩子进行惩罚，让孩子"记住教训"，以此约束孩子的这种"不良行为"。

这种方法短期内也许会有点效果，但它对孩子的身心发育却是有害无益的，因为我们没有看到孩子没有表现出来的无助和渴望。当他们感觉自己被忽视、心里不高兴时，可能并不知道如何来发泄情绪，或者如何才能把父母的目光吸引到自己身上，所以才会采用这种极端的方式。如果我们看到的只是孩子表现出来的行为，却看不到孩子内心的真正需求，必然会加重孩子的失落感和无助感，甚至会让孩子认为父母不再爱自己了，影响父母与孩子之间的亲子关系。

那么，面对孩子故意说脏话、说狠话的问题行为时，我们该怎么做呢？

先理解孩子说脏话背后的情绪，再与孩子一起复盘

不管孩子说了什么，在孩子有情绪的那个场景下，父母都不要急着去教育或纠正他，而是要先看到孩子的情绪，并对孩子的情绪表现出理解。这里有个前提，就是孩子说的话不要影响到其他人，如果孩子对着其他人说脏话、说狠话，不管原因是什么，父母都要立刻制止孩子，然后再寻找原因、解决问题。如果没有影响其他人，那就先平复孩子的情绪，比如耐心地对孩子说："你现在很生气是吗？你希望我陪陪你吗？""妈妈发现你好像很不满，需要我陪你坐下来冷静一下吗？""你现在一定很不开心，不然不会说出这样的话。"

当孩子发现父母关注的并不是他说的脏话、狠话，而是他当时的情绪时，他就会感觉自己被父母理解和接纳了，内心也会逐渐平静下来。等孩子平静后，父母再对孩子的行为进行复盘，比如，让孩子说一说自己刚才为什么要说那样的话？一起分析那样的行为到底对不对？如果以后再出现这种情况，除了说脏话、说狠话之外，还有没有其他表达方式？等等。这样做不只是在管教孩子，更是在帮助孩子，目的是让孩子掌握更多解决问题的能力。

用游戏转移孩子的注意力和挑衅

当孩子觉得父母对他的关注不够时，他已经觉得有些缺乏关心了，这时他就会说一些脏话、狠话来寻求关注。这时候，父母除了及时给予孩子关注和理解外，还可以用游戏的形式转移孩子的注意力和挑衅。

比如，父母可以用轻松而带有夸张的语调对他说："你随便说什么都行，不过要是你大声叫我'土豆'，我肯定要抓到你！"然后做出要抓孩子的模样，逗孩子哈哈大笑。

这样一来，孩子说脏话、说狠话时的注意力就被转移到去说"土豆""南瓜"这些平常的语言上了。

总而言之，所谓的"问题孩子"，往往都是因为他们还没有掌握恰当地解决问题的能力，不知道如何表达自己内心的真正需求。所以家长们不要只关注孩子说出了什么话，也不要只看到孩子表现的行为，而是要学会关注孩子这些话语和行为背后没有被正确疏导的情绪和欠缺的能力。只有这样，我们才能减少与孩子之间的误会，与孩子之间建立起安全、亲密的依恋关系。

3

突然变得固执、任性——争夺权力

在我讲课的过程中，经常会有家长向我诉苦："现在的孩子真的太难管了，你说他一句，他能顶嘴十句！""现在的孩子怎么都那么任性啊，根本不管你说什么，他就我行我素，自己该干什么干什么！"

我对家长们的心情都特别理解，我也经历过嘉嘉特别任性、不听话的阶段。记得大约是在嘉嘉5岁的时候，有一个周末，我在书房里工作，嘉嘉和爸爸在客厅看电视。这时，嘉嘉就顺手把吃完的一个橘子皮扔在地上，然后就到旁边玩玩具去了。我的先生就对嘉嘉说："嘉嘉，你应该把橘子皮捡起来，扔到垃圾桶里。"但嘉嘉却说："我不捡，我忙着玩玩具呢！"先生就说："不行，你必须捡起来后再去玩。"嘉嘉不再理会爸爸，继续玩他的玩具。

先生有些生气，起身拿过嘉嘉的玩具，说："嘉嘉，橘子皮不能扔在地上，你必须把它扔到垃圾桶后，才能继续玩玩具！"可嘉嘉仍然没理会他，转身又走到一边拿起绘本看了起来。

先生很生气，但因为我在工作，不想打扰我，就小声地训斥了嘉嘉几句，然后自己把橘子皮捡起来扔到了垃圾桶，继续坐下看电视。

过了一会儿，嘉嘉就从自己的零食盒里拿出来一小块巧克力，伸手递给先生，说："爸爸，这个巧克力我最喜欢了，送给你吃吧。"

先生知道嘉嘉这是在认错，但他认为这是教育嘉嘉的好时机，于是就说："我不想吃，因为你没有把橘子皮扔到垃圾桶，让我很生气。"

嘉嘉没吭声。又过了一会儿，嘉嘉又拿着一本书走到爸爸身边，说："爸爸，你给我讲个故事吧。"

先生再次板起脸说："你刚才那么不听话，我说了好几遍，你都不把橘子皮扔到垃圾桶，我很生气，所以我现在不想讲故事。"

这时，嘉嘉忽然委屈地哭了起来，推开书房门来找我了。

先生见嘉嘉哭了，很自责，忙跟我解释刚才发生的事。我安慰了嘉嘉很久，他才停止啜泣，坐在我身边看起了故事书。

类似的情况很多家庭应该都发生过，好像忽然从某一天开始，孩子就变得固执、任性、不听话了，有时甚至为了出门穿什么衣服哭闹半天。这种莫名其妙的固执、任性常常让人气不打一处来，根本压制不住想批评孩子的冲动。为什么原来的乖宝宝会变得这么任性呢？

这其实是典型的孩子与父母之间的权力之争，也是每个孩子必经的成长之路。当孩子还是个小婴儿时，他的一切都由家长说了算。但随着一天天长大，他的自我意识开始慢慢强烈，随之也有了自己的看法和好恶，所以就想从父母手中把这份"说了算"的权力抢回来，通过为自己的事情自己做主来确定自我的存在。

当孩子与父母之间出现权力斗争时，很多父母一开始会无法接受，认为孩子变得越来越不听话、越来越难管了，因而会用更加强硬的教育方式打压孩子的要求，甚至更加剧烈地否定孩子、更加严格地要求或规范孩子。虽然这样的做法可能会让孩子暂时顺从，但是内心却更加不满，甚至会认为自己是没价值、不被爱的。即使当时看起来"气焰"小了，以后却会用更加激烈的方式来反扑。

可是，哪有孩子不希望被父母爱和关注的呢？在争夺权力的背后，孩子的内心其实隐藏着一种"我得不到你的关注和爱，我不能'输'，否则我更不能引起你的注意了"的悲伤情绪。

理解了孩子争夺权力行为背后所隐藏的心理动机后，再面对孩子的任性、固执行为等，父母该如何应对呢？

保持冷静，不要与孩子竖起战旗，用平等的姿态与孩子"谈判"

面对争夺权力的孩子，父母首先要确定的一件事，就是"不要与孩子竖起战旗"。其实父母可以转变一下思路来考虑与孩子之间的关系。在孩子较小时，父母是以"老板"的姿态直接命令孩子做很多事情的，但现在，孩子有了自己的主见、想要自己做主时，父母就要把孩子当成自己的"同事"了。也就是说，父母要把孩子当成一个与自己平等的成年人来对待。父母要时刻提醒自己：孩子不是我的下属，更不是我的提线木偶，他是和我一样平等的人。想让他听话，就不能简单粗暴地给他下命令，而是与他谈判。

有一次，我准备带嘉嘉去游乐场玩，那天下着小雨，天气有点凉，但嘉嘉只肯穿一件短袖，不肯穿外套。在这种情况下，如果威胁他"不穿外套就不能出门"，他就算被迫穿上了，只要一到我看不到的地方，也会把外套脱掉。思考过后，我决定与他"谈判"。

我当时告诉嘉嘉："妈妈希望你穿上外套，因为下雨降温了，可能会让你着凉。如果你感冒了，下次就不能出去玩了。现在你愿不愿意穿上这件红色外套，它跟你的白色短袖搭配哦！如果雨停了，我们再脱下来，怎么样？"

结果，嘉嘉很高兴地穿上了外套，因为他感受到了自己被平等地对待，同时也明白什么才是对自己最好的做法。

适当地向孩子示弱，让孩子获得一定的掌控感

面对孩子顶嘴、固执、任性、反抗等与父母争夺权力的叛逆行为，父母用强硬的方式控制他是完全不可取的，这只会让孩子的反抗情绪更严重。相反，如果父母学会适当地向孩子示弱，以柔克刚，让孩子的内心得到一种掌控感，效果可能会更好。

我在学校工作期间，面对吵闹的孩子时经常说的一句话就是："刚才你们太吵了，让我有些不舒服，也很生气。但我不想对你们发脾气，因为那对我们双方都不好。"我向他们表达了我的感受，同时也表明了自己的态度，但不会用老师的权力去压制他们。

有时在表达完自己的意见后，我还会再补充一句，如"我对这件事的意见是这样的，但你们是自己人生的主人，我只是为你们提供建议。最后怎么做，还是由你们自己决定，我会尊重你们。"

结果当我不再站在孩子们的对立面时，孩子们是完全感受得到的，所以他们也不会再摆出一副反抗的姿态与我对抗，对我的意见也更容易接受。

实际上，孩子出现各种各样的问题行为并不完全是坏事，相反，这是他们成长的标志，而这些行为的背后，无非是渴望获得父母的关注、尊重和认同。如果我们能把孩子当成一个有感觉、有思想、有判断力的独立个体，把属于他的权力还给他时，孩子是根本不会与我们对抗的。

4

发脾气，出现攻击行为——向父母求助

现在，不管是在电视新闻里，还是在我们的身边，随处都能看到"熊孩子们"兴风作浪，动不动就大发雷霆，甚至出现攻击行为。大多数家长都有这样的感觉：孩子乖的时候简直就是天使下凡；可一上来脾气，立刻恶魔附身，不分场合、不分地点地吵闹，讲道理听不进去，严厉指责又心疼，真不知道该怎么办才好！

有些家长可能也会在其他书籍上看到，说孩子发脾气、哭闹、出现一些攻击行为，是因为需求没有得到满足，因此就一味地满足孩子。结果孩子只要一发脾气、闹情绪，就立刻要什么给什么、要怎样

就怎样，结果孩子不但没有因此而变得温和，反而变本加厉。

也有些家长脾气暴躁，信奉"棍棒下面出孝子"，孩子一不听话就直接打骂。父母认为，孩子不分场合的吵闹就是在挑战他们的权威，就该好好"教训他们"。

但是，这些对待孩子发脾气、闹情绪的策略都是不恰当的。面对孩子的情绪问题，家长们并没有意识到，情绪只是一种客观的存在。我们成年人也会有情绪，情绪不会突然消失，也不是说控制就能控制住的。

了解了情绪存在的客观性后，我们再来思考，为什么孩子会乱发脾气呢？孩子发脾气、出现攻击行为的背后，到底有哪些心理动机呢？

对于三四岁的孩子来说，他们对情绪的处理还处于起步阶段，由于大脑中负责控制情绪的海马体没有发育成熟，孩子的情绪几乎不会经过任何过滤，直接从杏仁核传递到大脑皮层，所以他们感受到的情绪"浓度"远比成年人要高。这些脑科学理论听起来可能有些复杂，但现实中这个场景大家一定不陌生：孩子非常想玩一个玩具，但他摸不着，于是又哭又闹，感觉像天塌下来一样，这其实就是他在发泄自己强烈的不高兴的情绪。而每次发泄情绪的背后，其实都是孩子在向家长求助，此时恰恰也是家长该"出马"的时候。

嘉嘉3岁多的时候，有一个周末，我带着嘉嘉到一个朋友家玩。朋友家有个小女孩，当时4岁多。我们去的时候，小女孩特别开心，拉着嘉嘉一起玩，朋友为了能和我聊会儿天，就把女儿的很多玩具都搬了出来，让两个孩子玩。

一开始两个孩子玩得挺好，不一会儿，朋友的女儿忽然冲着她的母亲发起了脾气，还大声说："我再也不理你了，你说话不算数！"说完就跑到屋子里，关上门哭了起来。

我和嘉嘉一脸茫然，不知道发生了什么事，后来才知道，原来是朋友把女儿最喜欢的一只毛绒小兔子娃娃拿了出来，而在这之前，朋友的女儿曾跟朋友说，她就想自己玩这只小兔子娃娃，不想和别人分享。但朋友没当回事，那天就把这只毛绒小兔子拿了出来，想让女儿跟嘉嘉一起玩，结果让女儿不高兴了。

生活中有很多家长也有过类似的经历，孩子总会突然大发脾气，让家长捉摸不透。而心理学研究发现，其实很多孩子之所以会愤怒、发脾气，原因就在于他们觉得自己没有得到家长的重视，所以想通过这种方式获得家长和周围人的关注，或者得到大人的帮助。

弄清楚了背后的原因，我们再来处理孩子的情绪问题就容易多了。一般来说，我会建议家长从以下两个方面来处理。

接纳孩子的情绪，及时向孩子表达对他的理解

美国积极心理学家丹尼尔·西格尔的《全脑教育法》一书指出，不管是成人还是孩子，当情绪泛滥得不可收拾时，罪魁祸首其实是我们的右脑和上层大脑出现了问题。我们知道，右脑主要负责情感和非语言信息的传达，而上层大脑主要负责分析各种问题。当孩子发脾气时，往往是他的右脑正在占据主导地位，同时他的上层大脑还没有发育完全。在这种情况下，父母试图给孩子讲道理、摆事实，或者直接纠正孩子的行为，结果一定会感到失望。

此时，最有效的方法就是接纳孩子的情绪，向孩子表达对他的理解，比如对孩子说："我知道你现在很生气……""我理解，你现在肯定很伤心……"看似简单的一句话，对于正处于情绪混乱状态的孩子来说，却能让他们感受到父母对自己的理解和认同，混乱的情绪也会逐渐平息。之后父母再与孩子沟通，就会容易得多。

引导孩子正确地表达自己的情绪

在孩子很小的时候，父母就可以和孩子一起看一些描述情绪的绘本或故事书，帮助孩子了解情绪的表现。比如告诉孩子，生气就是"你脸红，挥拳头"，伤心就是"流眼泪"……慢慢帮孩子学会用语言来表达情绪。同时，父母也可以教孩子学会用语言表达自己的需求，把自己内心的情绪和想法说出来。

比如，孩子的玩具被其他小朋友抢走了，孩子很生气，那么父母就可以引导孩子说出自己的需求："请你把玩具还给我。"或者对父母说："请你帮我把玩具拿回来。"

经常这样引导孩子表达情绪，即使孩子遇到困难，也会慢慢学会控制自己的情绪，并用更合适的方式来管理情绪，减少发脾气、攻击别人等行为。

就像著名作家雷布斯说的那样："孩子冲你发脾气，是想让你走进他的内心，帮助他解决问题。"所以，以后如果孩子再出现发脾气、有攻击行为时，不要再简单粗暴地制止他了，而是学会去挖掘孩子行为背后的原因，继而引导孩子用语言来表达需求，这样才能更好地解决问题。孩子获得了父母的接纳和理解后，与父母的关系也会更加亲密，彼此之间也更容易建立起安全的依恋关系。

5

某些方面能力不足——依赖心理作祟

孩子一出生就会依赖于父母的照顾，这是天性使然。但随着孩子一天天长大，他们开始试着自己去做一些力所能及的事，如洗手、吃饭、穿衣服等。再长大一些，他们会学会自己整理房间、洗衣服，或帮家长做些家务等。

但是也有一些孩子，他们做什么事都显得能力不足。就拿最平常的写家庭作业来说，很多家庭都会出现"不谈作业母慈子孝，一谈作业鸡飞狗跳"的现象。家长在一旁卖力地讲、卖力地教，孩子似乎听懂了，一提问瞬间被"打回原形"，仍然问的都不会，家长就会感到很崩溃。

还有些孩子，做事总犹犹豫豫，事情交给他，经常会搞砸。在人际交往方面，也常常退缩不前，与同学们的关系也不太好。如果父母跟这样的孩子交谈，他们也会表现出很愿意努力、很想奋进的样子，可一旦在现实中遇到困难和挑战，他们马上又会表现出"我做不到、我不行"的样子，然后等着父母去解决。

这类孩子都是让父母比较担心的，父母一直在手把手地教他、引导他，可孩子就是做不好，似乎永远都教不会。这也会令父母特别有挫败感，好像无论怎么引导孩子，都帮不上孩子的忙，所以也有这样的父母向我"吐槽"："老师，我到底该怎么做，才能帮到孩子？""我怎样去引导他，才能让他自己去完成这个任务呢？"

事实上，孩子的这些行为表现都与他们的真实动机有关。

比如，写作业这件事，这本来是孩子自己的事情，无论题目多难、作业多少，他都必须完成。父母一旦介入后，情况就不一样了。孩子写作业写到晚上 11 点，父母就会心疼地过来帮忙，有些父母甚至直接上手帮孩子写。慢慢地，孩子就会通过这件事产生侥幸心理："啊，反正爸爸妈妈会帮我，我干嘛写那么快？"结果会的题目也不尽快完成，不会的题目更不想动脑，只想坐等父母帮忙。这种惰性一旦形成，孩子就会习惯性地扮演"无能的小孩"，事事都依靠父母，等着父母来帮自己。

这是一种依赖心理，而孩子依赖心理的产生，通常与父母对孩子的教育方式有关，比如，一直以来就喜欢对孩子的事大包大揽，什么都舍不得让孩子做；孩子与小朋友交往时，担心孩子受欺负、吃亏，只允许孩子跟几个特定的伙伴一起玩；孩子上学、放学时，一定有专人接送，生怕孩子受累……这样做的后果有两种：一种就是孩子变得胆小、懦弱、自卑；另一种就是孩子变得骄横、自负、恃宠而骄、目中无人。但无论哪一种后果，都会令孩子丧失自我和独立的人格，事事都依赖于父母、亲人的照顾和呵护，不仅自理能力差，而且自我管理能力也很差。久而久之，孩子就会形成依赖型人格，这时想再纠正就难上加难了。

我们怎样纠正孩子的这种动机呢？

其实很简单，就是让孩子自己去承担后果。孩子写作业写到很晚，第二天起床觉得很难受时，自然就不会再轻易拖延了；孩子不想动脑筋，父母也不要急着替他做题，等到他因为错题太多被老师批评了，也就知道自己必须动脑筋了。

这里需要注意的是，让孩子自己承担后果，并不等于给孩子的处境雪上加霜。孩子熬夜学习，还要早起上学，在学校又要挨老师批评，已经很痛苦了，这时父母就不要再唠叨他"活该，早说你，你不听"了，甚至威胁孩子"再这样就不要读书了"之类的话，这样反而容易激发孩子的逆反情绪，引发报复性的问题行为。

另外，还需要注意的是，如果孩子经常性地表现出在某些方面的能力不足，也可能是因为他们的心智年龄还没有达到实际的身体年龄，没有信心和足够的能力去面对生活和学习中遇到的困难。这就需要我们去认真地了解孩子的困难，必要时也需要提供适当的协助，让孩子有练习和成长的机会。

比如，孩子不按时完成作业，可能是由于他们的依赖、偷懒心理在作祟，但也可能是因为孩子跟不上学习进度，对知识掌握得不够扎实，作业是真的不会写。这时如果父母仍然坚持让孩子自己承担后果，孩子就可能一直跟不上学习进度，最后自暴自弃了。

面对这种情况，父母就要改变策略，从以下两方面协助孩子走出困境，获得能力和自信。

接受孩子在某方面表现不足的事实，不要苛责孩子

我有一位女性朋友，通过与她的交往，我了解到她的一些成长经历。她小时候不太爱说话，每次父母带她出门，都让她跟别人打招呼，她如果不打招呼、不说话，就会被训斥"没礼貌，不懂事"。长大后，她在同事间的人际关系方面不太擅长，有时会遭到排挤，她的母亲知道后就会说："你从小嘴就笨，不会跟人打交道，现在这样一点都不奇怪！"再后来，她会跟我倾诉，但很少跟家人倾诉；相反，在家人面前总是假装高高兴兴的，好像什么烦恼都没有，就是因为害怕家人不能接受，又要对她一通打击指责。

从小到大，我的这位朋友的种种表现几乎都没有被父母接纳过，不仅如此，父母还经常打击、指责她，甚至会逼着她做一些她不想做或做不到的事，这也给她的成长带来了巨大的压力和负担。而且作为一个不被接纳和认可的孩子，她在内心深处也在不断否定自己的价值，甚至还出现了焦虑、抑郁等倾向。

事实上，任何一个孩子，不管能力如何，都希望能得到父母的接纳和认可。即使在某些方面可能表现得不那么尽如人意，他们仍然希望父母能接受他们的不足，给他们勇气去面对挑战。

所以，如果孩子在某些方面确实存在能力不足，请不要苛责他，因为他自己也不想这样，父母的苛责只会增加他的恐惧和自责，让他更加胆怯、懦弱。

温柔而坚定地鼓励孩子去勇敢尝试,慢慢培养孩子面对挑战的勇气和信心

要帮助孩子克服某方面的能力不足,家长就要多花一些心思在孩子身上。比如,一个不敢与陌生人说话的孩子,不要指责他"没出息""胆小鬼",而是陪着他慢慢地先跟熟悉的人说话,当孩子能主动与熟悉的人沟通时,再鼓励他与不太熟悉的人说话,以此慢慢培养孩子面对挑战的勇气和信心。同时,父母还要对孩子表现出来的一点点进步给予及时的表扬,鼓励孩子再接再厉,不断提升孩子的自我价值和独立性,这也是帮助在某些方面表现不足的孩子的有效方法。

6

胆小、懦弱,被欺负也不敢吭声——缺乏安全感

在孩子的成长过程中,如果说真的有什么让父母既心疼又头疼的问题,那一定是孩子的安全感问题。小到不敢一个人上厕所,大到被别的小朋友欺负了不敢吭声,家长总是担心:孩子这样是不是因为缺乏安全感?对于职场妈妈来讲,每次出门时听着孩子在身后的哭闹声都心如刀绞,既心疼孩子,又怀疑自己:我这么做会不会让孩子没有安全感?

要回答这些问题,我们先要来看看孩子需要的安全感到底是什

么。美国著名心理学家埃里克森提出的人格心理发展理论认为，人在每个成长阶段都会经历一定的冲突，而出生之后的第一年，小婴儿们需要解决的冲突就是"基本信任和基本不信任"，简单来说，就是信任与不信任的问题。

在这个阶段，婴儿对母亲有很强的依赖性，如果母亲能及时满足婴儿的需要，给予婴儿回应，婴儿就会感觉到自己有了强大的后盾，对母亲的信任感也就形成了。比如，婴儿每次饿了大哭，母亲马上过来给他喂奶，时间一长，婴儿就知道，自己发出的请求是会得到回应的。这时，婴儿就会建立一种和母亲之间的信任感，叫作"安全依恋"。

此外，日常生活中多拥抱孩子，也会增加孩子的安全感。美国的一项研究显示，跟父母，尤其是跟母亲的皮肤接触，不仅能让孩子的大脑分泌出一种促进生长的激素，还会增加母亲大脑中的催产素浓度，让母亲对孩子的需要更敏感、更耐心。

有些母亲可能会担心：万一这样把孩子宠坏了，他习惯了总是依赖父母怎么办？父母一去上班，好不容易建立起来的安全依恋又崩溃了，这该怎么办？

其实不必这样担心，母婴之间的依恋关系也是有着微妙变化的，孩子并不会一直与母亲寸步不离，只有3～8个月大的孩子对母亲的依赖才最强，如果这个阶段母亲帮他建立起安全的依恋，孩子就会明白，哪怕母亲暂时不在身边，他也可以放心地去探索外面的世界。当他再长大一些，大概两三岁以后，他就能习惯母亲每天都要离开一段时间的模式了。这说明母亲与孩子之间已经建立起了安全型依恋关系，孩子不会觉得母亲会不管他、抛弃他，这种感觉会伴随他的一生。

但是，并不是每一对父母都能很好地做到这一点，这也使有的孩子长大后会出现许多问题行为，最明显的就是在与同龄人交往时显得很胆小、懦弱，有时甚至被欺负了也不敢吭声，自己默默忍受。更严重的是，他一生中都会缺乏与他人建立深入而亲密的人际关系的能力。

我就曾接接待过一对母女的咨询，那位母亲一进来，就是一副愁眉苦脸的样子；女儿10岁左右，进来后就低着头，也不说话。在妈妈的讲述中我了解到，女儿在学校经常被同班同学欺负，有时吓得甚至不敢去上学。妈妈也找过老师几次，但老师批评了欺负她的同学后，那几个同学下次就会变本加厉，所以女孩几次都想辍学。

"除了去找女儿的班主任，您还做了哪些努力呢？"我问这位母亲。

"还能怎么努力呢？我们是离异家庭，自己带着她生活很不容易，能不惹事就不惹事。实在忍不下去时，我才去找找她的老师。"母亲挺无奈地说。

至此，我已经基本找到孩子总被欺负的原因了。一开始被欺负也许只是个意外，但总被欺负，那也许不仅仅是孩子的原因，很可能还有家长的原因，是家长没有给孩子足够的支持，让孩子有足够的力量去反抗。比如这位母亲，当女儿跟她说自己被欺负的事时，她要么让女儿忍忍，要么就对女儿说："谁让你这么没用？你自己想办法吧，我总不能时时刻刻跟在你后面管你啊！"孩子就是因为解决不了，才会寻求家长的帮助，而家长的回答显然会让孩子感到更加无助和恐惧。

很显然，这些方式都不能让孩子更好地成长，相反，还忽视了孩子的"诉求",剥夺了孩子的感受,让孩子感觉不到重视,久而久之孩子就形成了胆小、懦弱,甚至不敢维护自己权益的讨好型人格。

表面上看,孩子的胆小、懦弱似乎是天生的,一些家长也经常评价孩子:"我家孩子就是内向、胆子小,没办法。"或者"我家孩子就是太懦弱了,真愁人!"殊不知,孩子的这些问题表现的内在原因,很可能是他没有与父母建立起安全型依恋关系,缺乏安全感。孩子不敢去反抗,因为担心被父母责骂,或者一旦自己失败了,得不到父母的支持和帮助。在这种心理影响下,他无论做什么事情都会战战兢兢、如履薄冰,与人相处时也会很紧张。一旦被人欺负,就更不敢说"不"了。

如果孩子已经表现出胆小、懦弱等性格问题时,我们该怎么做,才能帮助孩子逐渐建立安全感和自信心呢?

永远不要让孩子有被抛弃的感觉

很多家长在孩子很小时,动不动就对孩子说:"你再不听话,我就不要你了。"想通过这种方法把孩子"震慑"住,让孩子乖乖听话。殊不知,家长无意中的一句话,对孩子来说可能就是"生死攸关"的大事,因为没有哪个孩子能接受被父母抛弃这件事。

所以,不管在何种情况下,都要让孩子意识到,父母是永远不会抛弃他、不管他的。如果夫妻双方关系不和谐或离异了,也要慢慢与孩子沟通,让孩子明白:父母只是因为一些原因不能一起生活,但对你的爱不会改变。并且随时向孩子传递一个信息:不管你遇到什么困难,父母都一定会帮助你、支持你。

鼓励孩子表达，对孩子的言行表示理解，和孩子一起想办法解决问题

一些孩子常常不敢有自己的想法，即使有，也不敢表达，更不敢自己去面对冲突。而在孩子的安全感的建立过程中，能够表达自己所想、自己所感，是非常关键的。

所以，父母要多鼓励孩子去表达，多听听孩子对某件事的想法和感受，哪怕孩子一开始表达得可能不恰当，也允许他们有表达自己态度的机会，同时还要对孩子的言行表现出理解和接纳。通过这种方式，父母也能慢慢了解孩子的一些内心想法和感受，找到与孩子一起解决问题的方法。

7

互相比较——来自"同伴压力"

互相比较也是孩子之间经常出现的一种现象，甚至在孩子很小的时候，就思考怎么比别人厉害、比别人棒，拼积木时会说："我比××拼得高。"炫耀玩具时会说："我的玩具比××的更漂亮。"

当孩子很小的时候，父母可能不会在意这些，但随着孩子年龄的逐渐增长，这种情况愈演愈烈，父母就要注意了。比如有的家长就曾向我反映说，自己带孩子逛街时，路过玩具店，孩子脱口而出："妈妈，我想再买一个变形赛车，你看里面那个赛车多酷啊！"可是母亲觉得，家里已经有很多赛车了，实在没必要再买了。孩子就会跟母亲耍赖、央求："这个是新出来的款式，我们班××都买了，我也想有！"

在面临孩子的这种说辞时，很多家长可能都会对孩子说："你不要老和其他同学比，要比也比成绩。"或者"等你学习成绩超过别人时，再跟我提要求吧！"一般来说，当父母这样回复孩子时，孩子可能也就不再要求买了，事情看似完美地解决了。

实际上，这样的处理方式并不恰当，因为父母并没有看到孩子这种行为背后的心理动机，而且用"别人家的孩子"的长处来跟自己的孩子对比，只看到别人家的孩子的长处，也打击了自己的孩子的自信心。

孩子想买新玩具的背后，到底是什么样的动机呢？只是因为喜欢，还是想跟同学比较，获得同学的羡慕和崇拜呢？

此处涉及一个名词，叫"同伴压力"，即同伴之间相互比较时产生的一种心理压力。在这种压力下，孩子对待某些事的态度、价值观或行为等都会受到影响。了解了孩子面临的这种压力，我们也就能明白为什么有些孩子会追求名牌，考试不理想时会把卷子藏起来，骗家长说成绩还没下来……

这也让我想起了发生在表姐的儿子身上的一件事。表姐的儿子今年7岁多，在他上幼儿园前，表姐秉持着遵循幼儿身心发展规律的理念，为他选了一家"比起学习知识，更重视做游戏"的幼儿园。所以整个幼儿园时期，我的小外甥都过得很开心，每天基本都是在做游戏，不学习识字、计算等。在这种教育模式下，小外甥乐观活泼，表姐也很欣慰，觉得孩子开心，自己就没选错幼儿园。

但上小学后，他们就面临了一个学习难题，小外甥识字太慢，字也写得很不规范，歪七扭八的，为此经常被老师批评，这令小外甥产生了厌学情绪。

有一天晚上，小外甥按老师的要求写了一页字，可刚写完，他就憋着眼泪把写好的字撕了。表姐急忙问儿子怎么了，小外甥眼泪就掉下来了，委屈地说："我的字写得这么难看，明天又要被老师批评了，我觉得好丢脸呀！为什么我的字就写不好呢？别的同学写字都那么漂亮！"

看着儿子哭得"梨花带雨"的，表姐很心疼，忙安慰儿子说："没事的，写不好就写不好吧，明天妈妈跟老师解释一下，不逼你练字了……"

没想到表姐的话还没说完，小外甥"哇"的一声就哭出来了："谁要你去找老师，不许你去跟老师说！"

表姐很纳闷，明明是在安慰儿子，儿子怎么反倒还对自己发起火来了？

第二天，表姐就给我打电话说了这件事，我听完后就明白了，小外甥之所以发脾气，完全是因为表姐没有弄清楚孩子的真正需求。

这也是很多家长和孩子之间的相处模式，孩子遇到了困难，家长想安慰一下，让孩子好受点，没想到非但没如愿，还让孩子的情绪更加失落。为什么会这样呢？

原因就在于：父母只通过孩子表现出来的一些行为和情绪，也就是"冰山"上面孩子的"行为"部分,来判断孩子的想法和需求,却不知道孩子隐藏在"冰山"下层的真实需求并没被父母看到。这样双方的沟通自然就不会顺畅,久而久之甚至会影响亲子关系。

回到之前的案例,孩子想要买新款玩具,这是他表现出来的行为;他跟妈妈耍赖、央求,这是他的应对方式。同样,在表姐与小外甥这件事上,小外甥愤怒地撕掉作业,这是他表现出来的行为;他委屈地哭,抱怨自己的字写得丑,不如同学写得漂亮,这是他的应对方式。这些都是"冰山"上层的部分。而在"冰山"的下层,孩子其实是怕被其他同学比下去,怕被老师批评,担心被同学嘲笑,感觉自己很无能;特别希望自己能像其他同学那样,拥有新款玩具,能写出漂亮的字,这才是他的期待和渴望。

而家长显然没有体会到孩子的这些情绪,要么对孩子说"多比比学习吧",要么对孩子说"写不好就写不好吧",这相当于是让孩子接受了自己无能为力的事实;家长对孩子说"你成绩超过别人了,再跟我提要求",或者要去找老师解释"写不好就写不好吧",等于又增加了孩子的压力,让孩子更加焦虑。正因为双方理解的偏差,才导致他们之间的冲突。

找到了孩子行为背后的心理动机,我们该怎样帮助孩子缓解这些来自同伴的压力呢?

与孩子共情,从孩子的角度去思考

共情并不是要与孩子有一样的想法,而是要求我们试着从孩子的角度去思考、理解和接纳孩子的想法，不要直接否定或打击孩子。

在第一个案例中，母亲如果从孩子的角度思考，就会明白孩子要买新玩具的原因。即使觉得孩子的要求不合理，也要先对孩子表示理解，比如可以说："你觉得与同学拥有一样的新玩具，就会很酷，对吗？"或者"你担心自己没有新款的玩具，会被同学嘲笑吗？"在共情的基础上，再去与孩子讨论为什么他会这样想，以及问题如何解决时，孩子才会更愿意相信和接纳父母的观点。

母亲在与孩子共情后，就可以这样对孩子说："我也觉得拥有新款玩具是一件很酷的事，那我们做个约定好不好？如果下次你的成绩有了进步，我就把这个玩具作为给你的奖励。"这样一来，孩子不仅感受到了家长的理解，还增加了学习的动力。而当他完成了家长提出的要求后，家长也要及时兑现自己的诺言，这样既缓解了孩子在同伴间的压力，又提升了孩子的学习成绩。

引导孩子远离不良压力，帮助他们树立正确的价值观

孩子在成长过程中，时时刻刻都会有"同伴压力"，家长可以通过积极的引导来帮助孩子缓解压力，但如果孩子面对的是一些不良压力，我们就要鼓励孩子迎难而上。

比如，有些孩子在同学的影响下喝酒、抽烟、打架等，认为自己不这样做就"不爷们儿""不够朋友"，对于这些行为，家长要及时制止，同时帮孩子树立正确的价值观，和孩子一起顶住压力，绝不妥协。

第五章
重构关系：
亲子关系胜过高明的教养技巧

心理学上有句话："孩子能走多远，取决于曾经与父母走得多近。"但在孩子的成长过程中，孩子与父母的关系不断遭到破坏，使亲子关系越来越差，那么父母怎样做才能重新修复好亲子关系呢？在我看来，所有的教养技巧都抵不过父母与孩子之间建立起来的亲密关系和情感连接。对于成长中的孩子来说，他的心灵成长的核心任务并不是分离和独立，而是在自主能力培养过程中体验到的情感依恋。当孩子从父母那里获得及时的情感回应、足够的安全和信任后，分离和独立就会很自然地发生。

1

糟糕的关系源于控制、焦虑与夺权

关于父母与孩子的关系，有一句话让我印象特别深刻："父母在等孩子的一声道谢，孩子却在等父母的一声道歉。"

在网上，这句话引起了很多人的共鸣。为什么呢？可能就因为它说出了孩子与父母间的爱恨交织。父母是世界上最爱孩子的人，但父母也会给孩子带来深深的伤害。很多孩子可能至今都记得，小时候因为算错一道题而被父母责骂，或因为考试不及格被父母撕碎了书本。如果现在再与自己的父母说起这段回忆，他们可能会说："还不是因为你那时太粗心？骂你也是为你好！""你本来学习很好，那次考试不及格肯定是贪玩了，我这样做也是为了让你记住教训啊！"

这种"相爱相杀"的模式，几乎在每个家庭中都会上演。在你有孩子前，你可能提醒过自己无数次："我绝对不会像我的父母那样对待我的孩子。"可当你真正做了父母后，却发现自己不知不觉地就"遗传"了他们的教育模式。结果可想而知，孩子也会像你曾经对待父母那样，对你产生不满甚至怨恨心理，而你自己也因此伤透了心。

明明是深爱孩子的，为什么孩子不领情呢？父母到底该如何与孩子相处才能构建亲密的关系呢？

其实，当父母在控诉孩子时有没有认真想过，父母与孩子之间的矛盾，真的是因为孩子不懂事、不知感恩吗？想要回答这个问题，我们就来深入地探讨一下，在爱的名义下，父母给孩子的到底是什么。

你给予孩子的爱的背后，藏着强烈的"控制欲"

我先给大家讲一个我曾经接待过的一位前来咨询的母亲和她的女儿的故事。

这位母亲是和她的女儿一起来找我的，女儿大概十五六岁，进来后就低着头，不说话，而母亲刚坐下不久，就开始跟我抱怨起来。我听了一会儿就明白了，原来母亲抱怨女儿从来不收拾屋子，总是把自己的东西到处乱丢，怎么说都不管用。说的次数多了，女儿就干脆关上门一言不发，任父母说破天也不理会。

看到这里，大部人会觉得这个女儿一定娇生惯养、没有一点责任心。但随着我跟这位女儿的沟通，发现女儿原来也是一肚子苦水。她说，她的母亲总是在她做某件事之前就开始阻止她，说她肯定干不好，只会添乱。比如，她想自己洗衣服，母亲就会拦住她说："你不要洗了，根本洗不干净，一会儿我还要重新给你洗！"女儿想帮母亲洗碗，母亲就会说："快算了，你洗不干净，别添乱了！"

我就转过来跟这位母亲说，有些事尽量放手让女儿自己去做。结果我的话还没说完，母亲就激烈地反对，说："她根本干不了啊！她生活能力那么差，能干什么？洗衣服洗不干净，房间也整理不了，我怎么能让她做？她只会把一切弄得更糟糕！"

显而易见，其实这对母女真正的问题并不在女儿，而在于母亲。因为女儿的生活自理能力差，母亲就能有一种"被需要"的价值感，继而就能一直出现在女儿的生活中。归根结底，母亲是爱女儿的，但在这份爱中，还藏着一种叫作"控制欲"的东西。

当然，这位母亲的行为确实有些过分，很多父母不至于这样对待孩子。但其实我们每个人在给予孩子的爱里，都或多或少地藏有"控制"的成分，最常见的有追着孩子喂饭，强迫孩子必须多穿衣服等。表面看上去满满都是关心，可对于孩子来说，他们接收到的潜台词却是："你不知道自己吃没吃饱、不知道自己冷不冷，只有我知道，所以你得听我的。"甚至还有的父母，连孩子要报什么兴趣班、该跟谁交朋友、出门路线怎么走、上大学该选什么专业等都要干涉。在这些表面上的"爱"下面，藏着的都是父母对孩子深深的不信任。长期这样下去，孩子就会感觉父母管自己管得太严了，自己完全没有自由和自尊可言，因而就想方设法地挣脱父母的束缚，逃离父母的这种"爱"。当孩子只想逃离时，父母又如何能与孩子建立起亲密、安全的依恋关系呢？

你向孩子表达的爱中，带有强烈的焦虑和自我需求情绪

我经常说，在所有的父母当中，有 99% 的人都摆脱不了焦虑情绪。这种情绪在孩子还是个小婴儿的时候就与父母如影随形。比如，父母从一些书上看到，小婴儿应该每4个小时吃一次奶，可孩子就是不吃，父母怕他饿着，硬把奶瓶塞进他的嘴里。

等到孩子再长大一些，父母又开始为他的未来焦虑，担心他上学成绩不好，担心他进不了重点中学，担心他考不上理想的大学……而这些焦虑反映到父母的爱里，就成了对孩子无止境地批评和挑剔。比如，发现孩子考试没考好，父母就数落他："你和小明同班，人家能考100分，你怎么就考不了？"当发现孩子正在抱着手机玩游戏，父母就立刻批评他："就知道玩游戏，还怎么考上好大学？"

但是，考100分也好，考上好大学也罢，这到底是孩子的需求，还是父母的需求呢？焦虑情绪会让父母分不清它们的区别，同时也看不到孩子的情绪变化和真实需求。当孩子的需求长期被父母无视和无法被满足时，他就会对父母形成一种回避型依恋，时刻想着逃离父母的掌控。

你可能在不知不觉间，将孩子当成了争夺家庭权力的工具

这一点很多家长都意识不到，但它在家庭当中真实地存在。比如，你是一位母亲，你想让丈夫戒烟，但说了很多次根本无效，这时你就会教孩子在丈夫抽烟时咳嗽，给丈夫施加压力。

表面上看，这好像没什么大不了的，但你实在小看了孩子的智慧。当你要求孩子这样做时，孩子就会敏锐地感觉到这是一场交易，他帮了你，肯定就要从你这里获得一些额外的好处，比如，要多吃一个冰激凌、多买一个玩具，或者多看半小时的动画片。时间长了，孩

第五章 重构关系：亲子关系胜过高明的教养技巧

子就会觉得：只要讨好大人，我就能想干什么就干什么。有的孩子甚至还会钻父母的"空子"，一会儿偏向父亲，一会儿偏向母亲，但不管偏向谁，他都是在为自己争取最大的好处。

但是，父母很少会意识到这一点，甚至还会在这种模式里越陷越深，把爱变成了溺爱，把关心变成了骄纵。表面上看，父母与孩子之间的关系似乎很亲密，但其实孩子完全是出于自身利益去讨好父母，并不见得真的会在情感上依恋父母。这样的孩子以后走上社会，因为过于看重自身利益，就很容易吃亏。

所以，父母对孩子的爱远没有自己以为的那么纯粹，这也就不可避免地给孩子带来了一定的伤害。我经常将这些情况称为"爱无能"，父母明明很爱孩子，却没有达到爱的目的，反而还以爱的名义对孩子进行控制、勒索，甚至发泄自己的情感、争夺权力，结果也必然会影响与孩子之间的亲密关系。

看到这里，很多家长可能有些担心，其实也大可不必。我们都是普通人，都会不可避免地有自己的情绪和私心，这些人类的本能并不会因为成为父母就自动消失，它们有时甚至会隐藏得更加隐秘。但只要我们主动去察觉这些情绪和私心，就能把它们"揪"出来，努力去克制，然后给予孩子无条件的爱、接纳和关心，这样才能使父母与孩子回归到正常的依恋关系当中。在后面的内容中，我也会慢慢分享具体的方法，帮助父母与孩子构建安全、亲密的依恋关系，用亲子的力量去唤醒那份沉睡的爱。

2

处理孩子负面感受的三种沟通方式

　　不管是内心多么强大的人，都会有负面感受。相信很多家长也都体会过，当负面感受来临时，自己充满了负能量。孩子也是如此，也会有开心和不开心、"状态"好与不好的时候。当孩子开心、"状态"好时，往往更愿意听从父母的意见，也更愿意与父母沟通；相反，孩子不开心、"状态"不好时，比如出现愤怒、沮丧、焦虑等情绪时，他们就会像一只躲在自己世界里的小刺猬，即使我们使出浑身解数，也难以接近，更不要说去影响和说服他们了。

　　孩子"状态"好坏的基础就是他的感受，只有他感受到舒适、愉快，他才有可能拥有好的行为表现。因此，恰当地处理孩子的负面感受，帮助他们找回良好的感受，是与孩子建立亲密依恋关系的第一基础。

　　但是，很多父母对孩子的负面感受的接受程度都是相对较低的，比如在下面的场景中，假如你是孩子的父母，你会选择哪种处理方法呢？

　　明天就要考试了，孩子一整天都表现得很焦虑、很烦躁，你会怎么和他沟通？

　　A. 早就让你复习了吧！你不听话，每天就知道看电视、玩游戏，现在知道着急了吧！

B. 放轻松一些，你没问题的。来，我再和你一起复习一遍。

C. 你现在有些焦虑，是因为担心明天的考试，对吗？真希望你明天能够顺利度过。

这是对待孩子负面感受的三种截然不同的沟通方式，它们之间有什么区别呢？我们分别来看一下。

完全从家长的角度出发，体现出一种强势的权威

这是大部分家长在面对孩子的负面感受时所使用的方法。这部分家长平时在与孩子相处时，心情好的话，可能会和孩子讲讲大道理；心情不好的时候，批评和指责就会成为主旋律。但请你换位思考一下，当你自己正处于焦虑或烦躁的情绪时，别人对你一通指责，或者给你讲一通大道理，你会接受吗？

很显然，这是一种居高临下的沟通方式，它向孩子传达的信息就是："我才是对的，你就应该听我的。你就因为没听我的，现在才遇到这样的困境，所以你就是自作自受。"这绝对是一种无效的处理方式。

还有一些家长，当看到孩子有负面的情绪或感受时，对孩子连哄带骗，或者直接否定孩子的这种情绪，比如对孩子说："别哭，男子汉是不能哭的！""怎么又发脾气了？乖孩子可不能乱发脾气！""不生气、不哭闹才是爸爸妈妈的乖宝宝！"结果孩子可能为了当男子汉、爸爸妈妈的乖宝宝，努力将这种不好的感受压制下去。

但是，每个人都是有情绪和感受的，情绪和感受原本没有好坏之分，只有正面之分和负面之分。当我们有了负面感受时，刻意压制只

能让自己更难受；相反，如果我们用合适的方法表达出来，那这种负面的感受就不会给我们带来不好的影响。

所以，运用权威来直接否定或压制孩子的感受是不恰当的，它只会让孩子觉得自己有负面情绪是错误的，是不被允许的。久而久之，当孩子有负面的感受或情绪时，为了不被否定和压制，就会躲开父母，自己去慢慢消化。很显然，孩子的需求从父母这里没有获得及时的回应和满足，那么他对父母的信任、依赖感也会慢慢降低，这对于建立亲子之间的依恋关系显然是极为不利的。

家长会温和地安慰孩子，愿意陪孩子一起解决问题

这种方式看上去似乎很符合孩子的期望，能帮助孩子一起把问题解决掉，但如果你尝试过就会发现，在大多数情况下，孩子并不愿意接受我们所谓的"帮助"，甚至还会找出各种理由拒绝和反抗。

为什么会这样呢？因为当孩子处于负面感受中时，他们需要的不是帮助，而是一个宣泄的出口，一种被真正理解和接纳的感受。所以你的安慰显然用错了方向，根本不能缓解孩子的负面情绪。

放下我们的主观想法，从孩子的角度感受他的感受，与他共鸣

这是最有效的处理方式，它其实向孩子传达的信息是：父母理解你的情绪和感受，也懂你的需求。这才是拉近与孩子之间关系的第一步。当父母与孩子之间的距离拉近了，再与孩子进一步沟通，孩子就会更愿意接受父母的建议。

所以，这种处理方式其实就是接纳孩子的负面情绪，允许孩子有负面感受的产生，并让孩子明白：我可以害怕、焦虑，也可以懦弱、散漫，我的父母不会因此就不爱我、责备我。这样一来，孩子就会变得轻松许多，也更愿意主动与父母沟通他的一些想法等。这时父母再向孩子提出一些意见或建议，并传达出自己的鼓励和支持，孩子就会很自然地接受了。

事实上，孩子的每种情绪背后都一定有他的真正需求。在大多数情况下，孩子在乎的并不是我们眼前看到的事，而是隐藏在这些表象之后的某种需求，所以，在没弄清孩子的真实需求前就想出手帮忙，是很难产生效果的。

比如，孩子之间抢玩具，是因为他刚好要玩这个玩具吗？大多数情况下，这个玩具可能在他面前摆放半天了，他都没有在意，直到另一个小朋友拿起来玩，他才想夺回来。很多家长对此很不理解：你明明自己不玩，为什么别人要玩你又不允许呢？其实，孩子抢的不是玩具，而是玩具背后的控制权。

基于这样的事实，父母在面对孩子的负面感受时，首先要允许孩子和大人一样，有不同的情绪；其次要学会透过表象看本质，先向孩子表达自己的理解和接纳，并鼓励孩子充分倾诉自己的感受。对于孩子来说，父母愿意坐下来耐心地听他说话，对他来说是很重要的。但在倾听的时候，如果只会说"你说得对"也是不够的，因为孩子还需要父母回应和理解他们的感受，所以父母还要简单地重复或描述孩子的感受，比如"我理解你，你一定很着急""如果我是你，我现在也会感到焦头烂额"。

在大多数情况下，通过上面的方式，让孩子充分地表达出心中的感受，同时再给予孩子一定的理解和共鸣，孩子的内心力量就会慢慢恢复。

3

刺猬法则：重构恰当的亲子边界

心理学上有个法则，叫作刺猬法则。这是什么意思呢？

生物学家曾经做过一个实验：在寒冷的冬天里，把两只刺猬放到户外，刺猬感到很冷，就想靠在一起取暖。可刚靠到一起，两只刺猬就被对方的刺刺痛了，于是不得不分开。可不一会儿，两只刺猬又冻得受不了，又往一起靠，结果又被刺痛了。反复尝试几次后，两只刺猬终于找到了最适合的距离，这个距离既能让彼此获得温暖，又不会刺痛对方。这就是心理学中著名的刺猬法则。

刺猬法则所讲的其实就是人与人之间的边界问题。无论朋友还是亲人，彼此靠得太近，容易引发矛盾，离得太远，又显得生疏，只有双方找到一个相处的边界点，彼此间既不会太靠近，又不会太疏远，相处起来才最舒服。

家长与孩子之间相处，同样要遵循这个法则。很多家长可能对此很不解："我们这本书不是讲依恋关系吗？依恋肯定就要与孩子靠得越近越好，怎么还要边界呢？"所以生活中，很多家长与孩子都是零距离接触，对孩子的一举一动、衣食住行、学习交友都了如指掌，认为这样才能与孩子建立起亲密的依恋关系，这样的爱才是真正的爱。

而事实上，这样的爱、这样的亲子关系，不但不会让孩子有舒适感和亲密感，反而会让他产生一种压迫感和窒息感。其实这并不难理解，我们可以换位思考一下，如果有一个人每天时时刻刻都关注你、关心你，不给你一点独处的时间和空间，你会感到舒适吗？曾经就有一对夫妻找到我，做夫妻关系咨询。通过对他们的访谈，我发现他们两人之间就是一个追一个逃的互动模式。妻子很强势，会在家中包办丈夫所有的事情，小到吃饭穿衣，大到工作社交，妻子都要掌控。而丈夫却像一个被照顾的孩子一样，在家庭中几乎丧失了自我能力。但为了不与妻子发生冲突，他对妻子所做的一切就默认了，即使有时被妻子指责，他也以沉默回应。

后来，丈夫渐渐在事业上小有成就，性格上开始发生一些变化。尤其在工作方面，各种事想自己做主，但妻子接受不了丈夫的这种变化，仍然停留在为丈夫包办一切的角色里，于是矛盾就产生了：丈夫觉得妻子总是跨越他作为男人、作为事业主导者的边界，不把他当成一个男人、一个独立的人来对待；而妻子认为以前就是这样的，现在怎么就不可以了呢？是不是你有钱后就变心，看不上我了？

在很多家庭中，父母与孩子之间的关系与案例中的夫妻关系也很相似，父母对孩子掌控过多，看上去是为孩子好，其实这样做恰恰破坏了与孩子之间的边界，会给孩子带来巨大的心理压力，剥夺孩子的成长机会。

在《正面管教》一书中，作者尼尔森博士提到了父母与孩子之间的三种相处模式。

第一种相处模式：父母在家中很严厉，同时还在家里设立了许多规矩，要求孩子遵守。孩子在家中几乎没什么自由，也没什么选择权，父母让孩子做什么，孩子就必须做什么。

第二种相处模式：父母对孩子很骄纵，孩子在家里想干什么就干什么，完全没有规矩的约束。

第三种相处模式：父母在家里设立了一定的规矩，但同时也让孩子拥有一定的自由。孩子可以自己做选择，但前提是必须遵守约定、尊重他人。

在这三种相处模式中，第一种模式中的父母就属于缺乏边界感的父母，他们通常都喜欢把自己的意愿强加在孩子身上，对孩子提出各种各样的要求，让孩子遵守和完成。同时，这类父母还喜欢控制孩子的想法和行为，孩子的任何言行都必须经过自己同意才行。在这种情况下，孩子没有任何自由和自我可言，身心承受着巨大的压力。

而随着孩子逐渐长大，与其他人接触越来越多，青春期也开始到来，这时，孩子就有了自己的隐私，不想再把所有的事都告诉父母，也不喜欢父母事事都替自己做决定，希望获得父母的尊重和认同，希望拥有自己独立的时间和空间。如果达不到目的，他们就会变得非常叛逆，甚至与父母之间发生冲突。如此一来，亲子关系就会遭到破坏。

由此可见，父母与孩子之间的边界感对于孩子的成长至关重要。对孩子太骄纵或太严苛，都是"越界"的表现，其结果要么令孩子恃宠而骄，要么使孩子变得逆反抗拒。而想要让亲子关系融洽、和谐，最好的办法就是重新构建恰当的亲子边界，就像刺猬那样，寻找到双方都舒服的相处距离。

那么，父母该怎样运用刺猬法则构建与孩子之间恰当合理的边界感呢？

"距离"是客观存在的，孩子同样需要私人的时间与空间

人与人在相处过程中，必须保持一定的距离，否则就会对他人构成威胁，这种现象在心理学中被称为"空间侵犯"。

亲子关系中同样存在这种现象，那就是父母不允许孩子有任何私人时间和空间，更无法接受与孩子之间保持一定的距离，但我们要认识到，人与人之间的距离是客观存在的，不论是你与陌生人之间，还是你与自己的孩子之间，都应该有这样的一个"距离"。只有双方之间保持着恰当的距离，孩子才不会感到自己的空间被侵犯，才会感到安全，才会真正从心理上感受到父母对自己的尊重。

对于孩子成长中遇到的问题，应做到"非请勿帮，请了可帮"

这是一个非常典型的尊重对方边界的沟通方式，最简单的做法就是：即使孩子遇到了问题，如果他没有请父母帮忙，不要主动去帮。

如果父母感觉很担心，可以问问他："你需要妈妈为你做些什么吗？"或者"妈妈也不知该怎么办，既然我们现在遇到了问题，那么你的想法是什么？"

这样的沟通方式，既向孩子表达了父母的关注，又给孩子创造了一定的空间，让孩子自己来做决定。此时，不管孩子需不需要父母帮忙，他的内心都获得了一个重要信息，那就是："妈妈愿意给我提供帮助，妈妈也愿意听听我的想法，但妈妈更尊重我自己的想法和决定。"这个信息对于亲子关系的构建来说非常重要，尤其对于青春期的孩子来说，父母的做法显然满足了他们被尊重、被认同的心理需求。在这种情况下，孩子有什么想法、感受时，也愿意与父母分享，或者也会请父母帮忙，和他一起面对困难、解决问题。很显然，在这个过程中，父母与孩子之间既表现出了一定的边界，又使彼此间的关系更亲密了一些。

4

从"糟糕陪伴"到"走心陪伴"

有一位母亲曾给我留言说："我每天都会给孩子讲故事，可孩子却总是没耐心听我把故事讲完。每次我讲故事的时候，他都是一副心不在焉的样子,问题到底出在哪里呢?"

我就问她:"您给孩子讲故事的目的是什么呢?"

母亲说:"那肯定是希望他更爱读书呀!"

我想这可能就是问题所在。

越来越多的家长都意识到了阅读的重要性,所以也都很想培养孩子的阅读兴趣,而给孩子讲故事就是培养孩子阅读兴趣最好的切入点。

我认可这种做法,但在实际生活中,很多家长却仅仅把给孩子讲故事当成了培养孩子阅读兴趣的一项任务,而没有学会和孩子一起去享受这个过程。孩子是非常敏感的,父母是真心陪伴自己,还是在应付,他都能感觉到。如果家长目的性太强,只是为了让孩子阅读而阅读,那么在讲故事的过程中就很难产生乐趣和情感的连接。

前面提到的那位母亲,培养孩子阅读习惯的想法当然没错,出发点也没错,但就是目的性太强了。她要求孩子在听故事时必须安安静静地坐好,并在自己讲完后还要就故事内容提问孩子,如果孩子没有回答出来,她就会再继续给孩子讲一遍、再提问……

孩子在听故事入迷时,确实会沉浸到故事情节当中,但不代表孩子就一定要安安静静的,还要回答出问题才行。这样一来,听故事对于孩子来说就不是父母对自己的陪伴,而是一种控制和折磨。在这种情况下,孩子又怎么会对阅读产生兴趣呢?

这其实就提醒了我们,不管是陪孩子阅读,还是陪孩子做其他事情,如果想让孩子产生兴趣,都必须要用心地与孩子分享过程的快乐,而不是把它们当成不得不完成的任务。孩子只有在与父母的开心互动中，才能逐渐爱上阅读、爱上做其他事。

我把父母对孩子的这种陪伴状态称为高质量陪伴。之所以称它为"高质量"，是因为它有一个显著的特征——走心，不仅父母在这个过程中是走心的，孩子也是走心的，这样才能让孩子感受到更多的快乐，感受到与父母之间的情感连接。有了情感连接，父母与孩子之间才能逐渐构建起亲密安全的依恋关系。

但很多家长可能会说："我们平时上班很忙，没有太多时间陪伴孩子，根本做不到高质量陪伴，怎么办呢？"

说实话，对于陪伴孩子这件事，我不认为时间不够就做不到很好地陪伴。很多家庭，像我们这一代"80后""90后"的父母，基本上都是没办法做到每天陪伴我们很长时间，跟我们一起成长的。但长大以后，我们发现父母是否全职对我们的成长并没有太大的影响，所以陪伴不在于时间的长短，而更在于质量的优劣。

在我看来，我们对孩子的陪伴分成两种：一种陪伴是看得见的、实体存在的陪伴，比如和孩子一起做游戏、陪孩子一起阅读、带孩子一起旅行等，这是看得见的实体的陪伴。另一种陪伴是很难感知到的人、一种隐形的陪伴，但对孩子精神层面的影响更重要，这种陪伴就是对孩子精神上的陪伴和沟通，无论父母在不在孩子身边，都能让孩子非常清楚地知道父母是爱他的。

高质量的陪伴是父母能够将显性和隐性的陪伴结合在一起，并且注重陪伴的投入程度和状态，注重的是尊重孩子的需求。如果要做到这些，父母可以从以下两方面努力。

有专门的或固定的陪伴孩子的时间

虽然说对孩子高质量的陪伴不一定要全天都陪在孩子身边，但每天一定要有一个固定的时间是完全属于孩子的。比如，每天晚上固定的 20 分钟或者周末的半天或一天，父母要用来专门陪伴孩子。在这个时间里，父母的时间完全属于孩子，可以陪孩子做游戏、画画、阅读、搭积木，或者只是坐下来小声地聊聊天、说说心里话……在这个过程中，孩子体会到的情感要远比他们学会怎样画画、怎样阅读的收获多得多。因为孩子感受到了快乐，感受到了父母对他的重视和关注，也感受到了与父母之间的情感连接。

有些家长外出应酬时，喜欢把孩子带在身边，别的家长也带孩子，然后让孩子们一起玩，家长在一边喝酒聊天。虽然这也是一种陪伴，但我不认为这是高质量的陪伴，因为父母很难有精力去全情地关注孩子，满足孩子的种种需要；孩子也难以从中感受到父母对自己的关注，可能只记得自己当时与哪个小伙伴一起玩过而已。

高质量的陪伴还需要父母都加入陪伴的行列中，哪怕是有时候父亲陪伴，有时候母亲陪伴，有时候是父母一起陪伴，但一定要实现父母双方都陪伴，这样孩子才能感受到父爱和母爱是同时存在的，并且当父母专注地陪伴孩子做一件事的时候，孩子依恋的需求就得到了满足，他们也会从这种依恋关系中获得成长，感受到安全、自由，以及对自己生活的掌控。

父母陪伴孩子时一定要处于走心的状态

以前我在给家长讲课讲到陪伴的内容时，有的家长就说："我也在陪伴孩子呀，孩子在旁边玩，我就坐在他身边看电视，他需要帮助时我也会及时提供，这也算陪伴吧？"

要判断父母对孩子的陪伴算不算高质量，关键就在于当时的状态下父母是不是放松的，是不是全身心的、专注的，是不是在与孩子进行一种安全、放松、愉快而亲密的互动。这种状态父母自己是能感受出来的，孩子也是能感受到的。

同时，当孩子有需要时，父母是否能给予及时的回应，并且给予他帮助和支持，这是非常重要的。比如孩子在搭积木时，如果父母专心地陪伴他，那么他任何时候需要帮助、任何时候向你展现他的"成果"，父母都要及时回应，为他提供必要的帮助，或者给予他及时而具体的表扬，这是高质量陪伴中一个非常重要的点。如果父母只是坐在一旁看电视、玩手机，对孩子的需求敷衍了事，那么即使每天坐在孩子身边，也称不上陪伴。

还有一些家长，也很愿意陪伴孩子，可在孩子做游戏或与孩子进行其他互动时，总是不停地"指挥"孩子；或者当孩子遇到困难时，还没等他求助，就赶紧去纠正他、批评他的错误。这是不行的，孩子不仅不能从中感受到父母的情感输出，反而还会抗拒父母的陪伴。

所以，我建议家长们，在孩子没有向父母寻求帮助时，父母只需在一旁耐心地观察他即可，即使他遇到了困难，也给他一些独立思考的时间。如果孩子实在克服不了，向父母求助时，父母再去帮助他，这才是正确的帮助时机。正确时机的帮助也是亲子互动和陪伴过程中非常好的一个点。

总之，高质量的陪伴必须有一个大的背景，就是父母要"走心"、要有爱，并学会倾听孩子。孩子在玩的过程中，有时不可避免地情绪化，比如一件事总做不好，或在与同伴玩时闹了矛盾，出现了负面情绪。这时，父母要做的是接纳和感受他的情绪，而不是第一时间试图压下他的情绪。当父母能耐心地感受孩子的情绪，并表示对他的理解后，孩子的内心需求得到了满足，情绪自然就会平稳下来了，并且也更有力量去探索未知的世界。就像那个自己爬过去拿玩具的孩子，回过头看到父母依然微笑地望着他、陪着他的时候，孩子才会获得更多的安全感和更强大的内在力量，与父母的情感连接也会更加紧密。

5

从"隐性爸爸"到"显性爸爸"

在孩子的成长过程中，父亲的角色是至关重要的。但在现代社会，从"隐性爸爸"的无奈到"丧偶式育儿"的调侃，都说明在教育孩子的过程中爸爸的普遍缺席的情况。曾经有一项调查显示，在中国80%的家庭中，父亲都会缺席孩子的成长过程。无论在情感、陪伴、教育还是各种问题的解决方面，父亲能为孩子提供的支持都十分有限。

在我看来，在任何一个家庭当中，不论孩子是男孩还是女孩，母爱都是孩子成长的基石。一位心理健康、性格开朗乐观的母亲，往往能让孩子获得心理上的安全感和健康的情感价值观，这是非常重要的一点，所以我常说母亲是孩子心理和情感健康的培育者。相较于母亲，父亲则更像孩子成长的一个推手，是保证孩子安全的原动力。在家庭当中，母亲是怎样带给孩子安全感的呢？一定是她首先感受到了自己在家庭当中是安全的。而母亲这个角色的安全感则来自另一半对这个家庭的无条件支持，母亲通过从自己的丈夫身上获得安全感，既而才能有足够的心理力量和强大的信念，来为孩子提供强大的心理保证。

所以，对于父亲来说，他除了是孩子家庭安全感保障的来源，在孩子的婴幼儿时期，他还是孩子的一个大玩伴；到青春期以后，他又像是孩子的理性的促进者。从这些方面来说，一个能称得上"好爸爸"的男人，一定不会是家庭教育中的旁观者，而应该是一个积极的参与者。

一般来说，在孩子3岁之前，母亲都是为孩子付出更多的那一方。孩子刚出生时，父亲可能一时还不太适应家里突然多出一位新成员，并且全家人的关注点都集中在这个新成员身上，所以这个阶段父亲是会有些失落的。但父亲仍然需要尽快调整自己的状态，多体谅妻子的辛苦，与妻子共同承担照顾孩子的责任，并在这个过程中学会享受孩子带来的快乐，和妻子共同收获相濡以沫的感觉。千万不要觉得照顾孩子是妻子一个人的事，自己该应酬应酬，该打游戏打游戏，之前的潇洒生活丝毫不改变，有时甚至还抱怨妻子不修边幅、孩子过于吵闹。很显然，这样的丈夫和父亲是很不合格的，不仅会增加妻子的不满情绪，还会影响与孩子之间的亲密关系。

可以说，在孩子0~3岁这个阶段，亲子关系会暂时凌驾于夫妻关系之上，但这其实也是为了孩子的成长。孩子3岁之后，父亲在孩子生活中所扮演的角色逐渐变得越来越重要。如果孩子在这个阶段缺少父亲的陪伴，就极易患上"父爱缺乏综合征"，变得性格懦弱、胆小怕事、缺乏安全感等。

所以，一个男人从成为父亲的第一天起，就要尽快适应自己的新身份，让自己在家庭中担任好丈夫和父亲的角色，给予妻子生活和情感上的支持，给予孩子更多的耐心和陪伴。具体来说，建议在下面两个方面多努力。

无论在夫妻关系还是在亲子关系当中，都要保持相互之间的理解和支持

我在这里所说的这个"支持"，主要体现在我们永远不要尝试去改变对方，而是要说服自己去接纳对方，因为没有人喜欢被说教，也没有人喜欢被控制。当你想要改变对方时，无论出发点有多好，无论这个道理有多么正确，都会让对方产生抗拒心理。

这就像很多父母和孩子在一起时，几乎时时刻刻都在挑剔和指挥孩子。比如，孩子玩水，父母嫌孩子把衣服弄湿了；孩子挖土，父母觉得这样不卫生……总之，你会发现这样的父母说的、做的都有道理，但就是让人开心不起来。而不管是夫妻之间还是亲子之间，彼此

在相处过程中首先是要开心，是体会陪伴带来的喜悦，而不是要明白多少道理。

所以，不管作为丈夫还是作为父亲，在与妻子和孩子相处和沟通时，都要试着多去理解和支持他们，多站在他们的角度去考虑问题。如果你总是以"一家之主"的权威去要求妻子和孩子，结果必然是妻子抱怨连连、孩子也不开心，甚至因此疏远你，影响家人之间的亲密关系。

在孩子的不同成长阶段，父亲都要扮演好自己的角色

在新生儿时期，孩子最爱的人通常都是那个照顾他最多的人，因为这个人会在他最需要爱和安抚时给予他所需要的一切。所以在孩子很小的时候，原则上是由母亲照顾的。这也是建立亲子依恋关系非常重要的阶段，母亲需要付出更多的精力去关注孩子，但父亲也不能坐视不管，应该尽可能多地去陪伴妻子和孩子，帮助妻子分担照顾孩子的责任。

到了孩子3~6岁的阶段，他们会有一个非常重要的心理历程需要在这一时期完成，就是与母亲实现心理上的分离，建立对父亲的认同感，这是他们非常有意义的成长标志之一。这时候，孩子已经具备了一定的独立自主能力，不再像婴儿时期那样依赖母亲，所以这时候父亲要成为孩子非常好的玩伴和朋友，而母亲要做的，就是帮助孩子建立起对父亲的信任，比如经常跟孩子说："爸爸很棒哦，会陪宝宝玩很多游戏！""爸爸好厉害，可以给宝宝做新玩具啊！"

当然，父亲也要主动进入孩子的生活，对孩子进行高质量的陪伴，通过各种游戏等让孩子明白，父母都是爱他的，继而与孩子之间

逐渐建立起亲密的依恋关系。

而当孩子进入青春期后，父母与孩子之间的关系就像我们前面所说的那样——父进母退，这时父亲就要以一个理性参与者的身份参与到孩子的生活当中，帮助孩子建立起正确的价值观，以及对同性或异性正确的认知等。

总而言之，父亲对孩子的陪伴与教育，在孩子的成长过程中有着特殊的意义，这是母亲不能替代的。虽然在当下的社会环境里，"忙"的感觉似乎更能体现一个男人的价值，较高的职位和较好的职业也让男人更有成就感，但父亲要知道，花在工作上的时间越长，陪伴孩子的时间就越少，终有一天，父亲发现孩子与自己疏远了，会不会想到其实是自己先疏远了孩子呢？那时父亲可能才会明白：真正让我们感到骄傲的，是孩子一点点的进步；真正让人感到幸福的，是与孩子之间那种亲密无间的依恋关系。

6

好关系是青春期的重生密码

有人说："青春期的孩子，永远都是父母最大的难关！"在这个难关上，无论家长使用什么样的策略，好像最终的结果都苍白而徒劳。

很多家长都曾向我描述过一个类似的场景："以前孩子和我关系很好，无话不谈。可自从他上中学后，一切都变了，每天回到家就会把自己关进房间里，有时候还会上锁。我们之间的对话有时一天加起来也不超过三句，想要与他进行一些深入的沟通，更是难于登天。"我相信绝大多数父母都有过类似的经历，上了中学，孩子好像一下子就与我们拉开了距离，无论身体上还是心理上。

青春期的孩子身心都发生了很大的变化，但很多父母并没有意识到这一点。所以，每当家长向我描述孩子上中学后突然变得疏远时，我都会问他们几个问题：你平时是怎样与孩子进行亲子沟通的？你知道孩子的理想是什么吗？孩子为什么会喜欢这个偶像，你知道原因吗？孩子是否早恋了，为什么会早恋，你知道吗？你是否关注孩子发的每个朋友圈？

面对这些问题，大多数家长都回答不上来，有的甚至一个都无法回答。这就是亲子关系的现实、家庭教育的现状，很多父母总习惯用成人化的方式对待孩子，却不知这种沟通模式是不对的。一旦沟通出现问题，就很容易引爆正值青春期的孩子体内的小"炸弹"。

在一次教育活动中，我就遇到过这样一个孩子。当时这个男孩正上高二，当他在我身边坐下来时，我能明显感受到他内心的不安和焦虑。我微笑着拍拍他的肩膀，鼓励他勇敢说出自己的心事。

或许是我的笑容和平易近人让他感到了心安，他开始向我敞开心扉。但他说出来的第一句话却让我十分震惊："老师，我想和我的父母断绝关系。"从他坚决的态度上，我能感受到他内心对父母的极度失望。接下来他向我详细讲述了发生在他身上的故事。

他原本是个性格开朗的孩子，喜欢打篮球，与同学相处很融洽，成绩也不错。可最近一段时间，他的成绩有些下滑，父母便开始着急了，怀疑他是不是在谈恋爱，或者有了其他刻意隐瞒的事情。于是，有一天趁他出去打篮球时，父母破解了他的QQ密码，翻看了他的聊天记录，查看了他的QQ空间。不过，他们并没有发现自己怀疑的那些事。

这次"偷看"让他有所察觉，他希望父母能尊重他的隐私权，不要这样做。父母答应了，但没过多久他们又故技重施，这让他非常气愤，于是跟父母发生了激烈的争吵，并萌发了"断绝关系"的想法。

很多父母可能觉得，这点小事至于要"断绝关系"吗？如果这么想，那么我只能说父母的想法大错特错了。对于青春期的孩子来说，隐私是他们最在乎的事。虽然他们还未成年，心智还不成熟，但他们大多已经有了自主的思想，并形成了自主的人格。对于他们来说，秘密就是他们最能彰显这种思想和人格特征的东西，因此他们最反感的就是父母的不信任和不尊重，这会加剧他们的叛逆心理和叛逆行为。

所以，作为父母，面对青春期的孩子时，就要重新定位自己的角色，然后用科学的方法帮助孩子了解情绪本源，学会积极应对，独自迎战充满挑战的未知人生。而想做到这些，首先就要了解青春期的孩子在心理上和行为上的特点，这样才更容易"对症下药"。

首先，青春期的孩子想要获得成人感。到了青春期，孩子都希望自己能被父母看成可以对自己行为负责、有独立思想和想法的成年人。如果父母仍像以前那样，把他们当成小孩子，用对待小孩子的方式对待他们，就会让他们产生抗拒和排斥心理。

其次，青春期的孩子开始注重隐私，并逐渐意识到隐私的重要性，并想要保护隐私。如果父母不能意识到这一点，不能给孩子足够的空间，那么孩子就会主动回避，想办法与父母拉开距离，无论物理上的还是心理上的距离。

同时，青春期的孩子开始叛逆，这也是青春期孩子最常见的特征，具体表现为处处与父母对着干、爱冲动、说话夸大其词等。

最后，青春期的孩子人际关系开始变得复杂，尤其是与异性和老师的关系。孩子小时候，父母很容易就感受到这种变化，因为他们回到家就会把这些情绪都表达出来，但到了青春期，孩子就学会了隐藏。

了解了青春期孩子的心理特点，那么父母应该怎样和孩子建立和谐的亲子关系和顺畅的沟通关系呢？

要与孩子建立爱的沟通渠道

这是父母与青春期的孩子建立良好亲密关系最重要的一点。这一点听起来有点虚，但其实爱的沟通渠道就是指我们能完全无条件地爱孩子、接纳孩子，即使他犯了错，即使他未能让你满意。在这个过程中，有三点非常重要：

一是要了解孩子的需求，知道孩子想要的到底是什么；

二是要学会倾听，而不是不断地说教；

三是陪伴，这里的陪伴更多的是指精神上的陪伴，就是要让孩子意识到，无论他做任何事、无论结果如何，父母都能接受他。这才是真正的陪伴。

亲子关系的基础应建立在亲密关系之上

一个家庭如果没有夫妻之间的亲密关系，亲子关系是很难达到和谐状态的，因为孩子在这样的家庭中感受到的爱是分裂的、不和谐的。尽管他能感受到父亲爱他、母亲爱他，可他感受不到父母共同的爱。

夫妻间的亲密关系一旦建立，就很容易达成共同教养的共识，这就会让孩子意识到：母亲说的话父亲不会反对，父亲提出的意见母亲也会认可。久而久之，就会潜移默化地对孩子产成正面的影响，促进亲子关系的和谐发展。

举个例子，一个周末，一家三口准备去郊外玩。父母想让孩子多穿一件外套，因为天气预报说可能会下雨，可孩子嫌麻烦不想穿。母亲又强调了一次，孩子有些为难，但还是不想穿。这时，父亲的一句话就非常重要了。如果父亲说："穿着吧，如果不下雨再脱下来。"那么孩子多半会同意；如果父亲说："不用带，下点雨算什么，男子汉不怕冷。"那么孩子很可能就不会穿。

由此可见，如果父母双方都认可一件事，在亲子沟通中就非常有效。所以，当父母之间能够建立起亲密关系，能够在很多事情上达成共识，就会对孩子形成积极的影响。即使彼此意见不合，也尽量在私下解决。而且，如果夫妻一方对孩子有责备，另一方即使内心不认同也不要直接表达出来，而应该私下里去沟通解决。

记得小时候，母亲有时会因为我不听话或淘气打我，父亲总是在旁边拦着，这时他们俩就会吵起来，我坐在旁边哭。其实我当时心里的真实感受是，宁愿自己挨打，也不想让他们吵架。所以，夫妻之间的亲密关系对孩子来说影响非常大。

父亲要承担起更多的角色责任

一个完整的家庭，父母的角色是不可缺失的。但在现代社会的很多家庭中，母亲往往扮演了更多的角色，父亲的角色却相对单一，甚至缺失。

一般来说，在孩子婴幼儿时期时，最重要的是要建立与父母之间的依恋关系。这时母亲可以更多地参与，父亲的角色还不太重要，只需要做一个孩子的"大玩具"就可以了。

但当孩子慢慢长大，上幼儿园、小学，尤其是进入青春期之后，父亲的角色就慢慢开始重要起来，甚至变得不可取代。对于男孩子来说，如果父亲能充分参与到亲子关系之中，他就会知道，作为一个男性应该承担的责任是什么。这种责任感的灌输会潜移默化地体现在他未来的人生当中，也会有利于他未来家庭的组建及与另一半关系的和谐。对于女孩子来说，父亲这个角色如果足够丰满，则能让她学会更好地处理人际关系，尤其是与异性之间的关系，从而对未来正确婚恋观的形成产生积极正面的影响。

作为家长，父母都应该认识到，孩子成长的每个阶段之间都是有机联系在一起的，所以青春期现象没有偶然性，进入青春期也不是一瞬间的事情。青春期本不应该成为一个让家长们"谈之色变"的词，而应该是孩子们最阳光、最开心的一段人生时光。青春期之所以在今天成为很多孩子人生道路上的第一次重大挫折，成为家长心中最大的忧患，原因在于家长在孩子的成长过程中缺少了"防患于未然"的意识，以及没能与孩子形成安全型依恋关系。

所以，我希望所有家长，尤其是孩子还没有步入青春期的家长，一定要多拿出一些时间和精力投入到家庭亲密关系氛围的构建中，多关注孩子的心理需求，一步步帮助孩子建立安全型依恋，以便孩子能在人生旅程中走得更轻松、更快乐、更自由。

第六章

亲子学习：好父母是"园丁"而不是"木匠"

什么样的父母是好父母？我认为，能够培养出一个智商、情商绝对完美的孩子的父母不一定是好父母，好父母让孩子自由地探索世界，使孩子的身心健康发展，以便在未来应对各种挑战。正如美国著名教育专家艾莉森·高普尼克的《园丁与木匠》一书中所说："好父母应该是园丁而不是木匠。"也就是说，教育孩子最好不要像木匠打造家具那样，预先设计好模板去雕琢孩子的心性，提前规划要把孩子培养成什么样的人，而应该像园丁一样，为孩子提供一个安全、健康的成长环境，充分尊重孩子的天性，释放孩子的活力，让孩子能够独立地成长和发展。

1

孩子的"起跑线"到底在哪儿？

曾经有一个研究，是对中国3000多名家长进行调查，调查问题是：你认为孩子的"起跑线"到底在哪里？调查者还分别列出几个选项：第一个是孩子出生的时候，第二个是幼儿园入学的时候，第三个是孩子小学的时候，第四个是中学以后，第五个是没有"起跑线"。结果有点出乎意料，和以往有些不一样。其中，39.5%的家长选择的是没有"起跑线"，23.6%的家长选择的是孩子出生就是孩子的"起跑线"，6.2%的家长选择幼儿园，13.6%的家长选择小学，余下的家长选择中学。

从中我们可以看到，现在家长在观念上已经有了很大进步，许多家长不会认为"起跑线"真实存在。以前我们看的电视剧里有一句经典台词："孩子上不了好的幼儿园，就上不了好的小学，就考不上好的中学，上不了好的大学，这辈子就完了。"而现在更多的"80后"甚至"90后"家长，对养育孩子有了全新的观念。

孩子真正的"起跑线"在哪里呢？记得北师大心理学教授边玉芳

第六章 亲子学习：好父母是"园丁"而不是"木匠"

老师说："父母才是孩子的'起跑线'。"我也认为孩子的"起跑线"应该是父母，我们成为什么样的父母，孩子就会拥有什么样的"起跑线"。基本从孩子出生开始，父母就对他们的身心发展产生着直接的影响。父母的教养方式、言行、亲密关系、受教育程度、婚姻质量，包括父母个人情绪调节能力等，都对孩子有着不同程度的影响。

那么，父母怎样才能带给孩子更好的"起跑线"？

父母要做好老师的助手，共同实现"5+2>7"

父母对教育的态度会影响到学校教育在孩子身上产生的效果，进而直接影响孩子。也就是说，父母怎样看待教育，一定会直接对孩子产生影响。

大家都听过非常著名的理论，即"5+2=0"。"5"是指在学校的5天，"2"是指在家的周末两天。教育的困境就是：5天的学校培养，到了家里两天就推翻了。比如，上学时孩子7:30准时起床，到了周末在家至少要睡到9:00；孩子在幼儿园能自己吃饭，回到家就一定要喂，回到幼儿园后，孩子又需要老师的引导。

当然，这个困境并不完全是家长的错，学校也有一定的责任。如果孩子觉得学校和父母是对立面，孩子应该选择相信谁呢？长此以往，孩子就会无法判定什么事情是对的、什么事情是错的，以及自己应该坚持什么。所以，父母一定要亲自去了解学校最近"对我的孩子做出了什么样的努力，我可以怎样配合"。父母要清楚：老师无论多么负责任，也不可能做到24小时和孩子在一起，更不可能把精力都放在一个孩子身上。

很多情况下，老师需要家长作为助手，共同努力，让"5+2>7"而不是"5+2=0"。作为父母，要尽可能多地和老师沟通。如果老师提出的方法是父母不完全赞同的，这时候就可以询问一下老师，了解老师行为背后的意义。记得原来有一位母亲这样和我说，孩子上幼儿园，自己很累，比如最近幼儿园要办活动，需要家长拍摄书房的照片、孩子读书的照片等，最后老师在班级里评选。这位母亲就和我吐槽，孩子上个幼儿园就要把我们折腾死了。像这种情况，父母就要和老师沟通为什么要做这些事。当父母理解了老师的出发点和目的后，就能从孩子的角度把事情做得更好，也能对孩子产生更好的影响。

孩子的成绩单不是父母的成绩单

很多父母都会有这样的想法："孩子的就是我的！"美国有一个报社曾对部分中美两国的家长做了一系列调研，调研题目是：中国和美国有多少父母认为孩子的成绩单就是你们的成绩单？结果，中国父母更倾向于孩子的成绩单就是自己的成绩单。但我认为，孩子的成绩就是他自己的。而父母对孩子的爱、对孩子正确的教养方式、把孩子培养成性格独立的人，才是父母的成绩单。

我曾在网上看到一个女生写的日志，讲的是自己有一次成绩不太理想，心惊胆战地带着成绩单回家。回家后，她如实地把成绩单给了父母，结果父母表现得很失望。女孩本来就很难过，没想到父母也对她的成绩表现出了绝对的失望。女孩思索后，就和母亲说了一句话：

"我考得好的时候你们对我很好,现在我考砸了,你们就对我这种态度,我觉得你们根本不爱我,爱的只是我的考试成绩。"其实哪有父母不爱孩子的?他们只是对孩子的这次成绩表现出了不满意,但从没想过,自己的这一态度会对孩子造成什么影响。作为家长,当孩子沮丧的时候,我们应该先给孩子鼓励和安慰,然后共同探讨这次失利的原因,帮助孩子重整旗鼓,共同迎接下次的挑战。

把孩子当作独立的个体,不要过度控制孩子

当父母开始控制孩子的时候,其实就在把他们的"起跑线"不停地往后拉,因为父母过度控制孩子,就会剥夺孩子最重要的心理资源,孩子内心也不会那么强大了。

过度控制就是什么事都帮孩子安排好。如果孩子一味地服从父母或他人的安排,就算孩子暂时变成了父母期望的样子,对于孩子本身来说也不是什么好事。比如,孩子遇到挫折时,第一时间想到的不是自己解决,而是找别人帮忙;甚至有的孩子遇到大的挫折时,根本承受不了,瞬间崩溃。父母要帮助孩子建立安全的依恋关系,而不是对孩子过度控制形成完全的依赖。

怎样做到不过度控制呢?当孩子想要自己做决定时,尽量把这个机会还给孩子,不要担心孩子会犯错或者受挫,经历和体验才是成长过程中最不可或缺的,这样也能帮孩子减少对父母的依赖。如果孩子总是不能自己做决定,那么他的自控能力就会减弱。很多心理研究表明,当目标是自己设定,而不是父母强加的时候,孩子更愿意付出努

力。美国正面管教的创始人的女儿 Mary 女士曾说："如果帮孩子设定目标，这个目标一定是孩子自己认可的，是孩子自己下决定要做的事情，最后孩子才会做得更好。"

我们前面讲过"冰山理论"，冰山外面露出的一小角是孩子的行为，而藏在冰山下面更多的部分才是孩子的感受、期待、被认同的价值感、安全感等，父母要学会从冰山的一角去感受和探究孩子行为背后的动机是什么。读懂孩子，才是了解孩子的基础，才是帮助孩子成为更好的自己的基础。只有这样，父母才能有机会和孩子建立良好的亲密关系，才能将孩子带上真正的"起跑线"。

2
磨蹭、拖延其实是孩子的天性

有一次，我在路边等一位朋友，在车站牌下看到这样一幕：一位母亲正在生气地数落一个七八岁的小男孩："我 7 点叫你起床，结果你磨蹭到了 8 点才起，现在好了，早餐也不用吃了，你已经迟到了，你自己去和班主任解释吧！"小男孩低着头，一声也不吭。"每天作业做得拖拖拉拉的，我还要做家务，还要陪你写作业……"就这样，母亲一直数落到公交车进站才停下来。

第六章　亲子学习：好父母是"园丁"而不是"木匠"

看着远去的公交车，我很心疼这个小男孩，可从家长的角度来说，我也深有同感。记得我儿子嘉嘉由我父母照看的时候，有一段时间，嘉嘉吃饭总是磨磨蹭蹭的。我尝试了几次让他按时、按点吃饭，可每次都要耽误很久，不是找各种借口不吃，就是在饭桌前边吃边玩。有几次我都有了想揍他的冲动，可还是被嘉嘉的爸爸给劝了下来。这也更加深了我要自己照看嘉嘉的想法。

闲暇之余我也会反思，为什么孩子都有磨蹭、拖延的习惯？孩子吃饭、做作业时磨磨蹭蹭、不专注是不是坏习惯？还是大部分孩子在成长过程中都必须经历的阶段？后来，随着我进一步地学习及接触越来越多的案例，我明白了这样的一个道理：谁生下来都不是神童，七八岁正是孩子思想不集中、做事拖拉磨蹭的时候，这是孩子的天性。

什么是坏习惯？我们反思一下自己，我们小时候真的就没有磨蹭、拖延这些缺点吗？其实很多父母都是在用一个不恰当的标准去要求自己的孩子，但父母有没有去真正了解一个七八岁的孩子的生理特征应该是怎样的？他的心理阶段发展到了什么程度？父母一定要从科学的角度去分析，这个习惯到底是孩子个人的坏习惯，还是这个年龄段孩子都会出现的问题。

你要确定什么习惯才是坏习惯

要先确定什么习惯是坏习惯，同时还要判断孩子处在什么阶段，从生理的角度上来说他具备什么样的基础。在这个基础上，只要他没有让父母操心太多，我认为都是可以被接纳的。比如，孩子写作业磨蹭、吃饭时想上厕所,这些都属于正常现象,为什么父母要恼火呢?

这里我再与大家分享一个我儿子嘉嘉的故事。嘉嘉用纸尿裤的时间比很多孩子都长,大概用到两岁半左右,后来断断续续一直用到上学才不用。当时很多母亲问我:"你不觉得使用纸尿裤太久会影响孩子学会自己如厕吗?"其实我个人并不觉得,因为我发现嘉嘉小时候被批评时情绪比较激动,非常容易尿裤子。为什么会这样?因为孩子器官发育不完善,自控能力比较弱,尤其在孩子非常激动的时候,情绪会影响他的控制力。这时尿裤子是很正常的事,并不是什么坏习惯。

还有,有的家长会觉得孩子磨蹭是专注力不好的表现。通常来说,一个4~6岁的学龄前儿童,其专注力在生理上是有限的。如果他的专注力能持续15分钟,我认为已经非常好了。所以,父母不要期待孩子的专注力可以一下子达到我们成年人的水平,他的大脑没有发育到成人阶段,肯定做不到这一点。

这时有的家长会反问我:"为什么孩子看两个小时动画片都没问题呢?"父母可以想象一下动画片给孩子带来的各种刺激,有丰富多彩的画面、生动有趣的配乐,给孩子带来的是整个感官上全方位的刺激,而且其内容都是孩子感兴趣且符合他们认知水平的。所以孩子更容易集中自己的注意力,这就好比我们成年人容易沉迷于游戏,本质上是一个道理。

父母要从生理角度上来判断孩子处于哪个阶段,只要孩子没有低于标准太多,父母就要学会接纳孩子的现状,而不是将孩子的各种行为直接定义为坏习惯,更不要给孩子强行加入否定词。孩子在家里处于放松状态，想做什么，就做什么，只要他在上课时不影响课堂秩序，都不是大问题。在学习过程中，孩子能把自己最好的状态拿出来，其专注力自然就会提高。

情感巅峰状态就是孩子的最佳状态

一个人的最佳学习状态是什么样的？我认为，它是一种全神贯注、轻松愉快的状态，是全身心沉浸于学习中的一种非常奇妙的忘我感觉。这种状态下，你的头脑是非常清晰的，是完全能控制自己的；那个时候，你能充分地把自己的潜力发挥出来。

人处于一个非常好的状态中，情感方面也会处在巅峰的状态。比如，所谓的情感巅峰状态，就是孩子在看动画片，当他看到非常感兴趣的画面时，会兴奋地喊叫，甚至跳起来，他此时的状态是非常放松的，没有杂念。父母就是要帮助孩子想办法找到这种状态，一旦孩子有了这种状态，他的注意力就会保持高度集中。

父母如何把这种情感巅峰状态平移到孩子的学习中呢？最主要的就是帮助孩子排除杂念，不要用太多的东西使他分神。当孩子专注做一件事时，无论父母想表达什么，也不要去轻易打扰。所以，父母首先要观察孩子在什么时候能保持巅峰状态，记录下来，不要打破它，观察他能持续多久，父母就会发现他在什么事情上能达到自己的情感巅峰状态了。

父母可以先从孩子感兴趣的事情上入手，这样就很容易培养孩子的专注力，千万不要用孩子讨厌的事情来培养他的专注力。比如，在学习上要求他专注太久,孩子是很难做到的。在孩子感兴趣的事上培养他的专注力,培养好以后再慢慢平移到学习中,这是个非常不错的方法。但有一点要记住,父母不要用看动画片去培养专注力,这没有任何意义。

我认为,如果父母不想让孩子被作业束缚,就不应该让孩子沉浸在枯燥乏味的作业的世界中,不要去重复训练同一个东西,那只会让人变得越来越麻木、僵化。这种固化的方式只会束缚孩子的发散性思维。

当家长的认知和学校的标准答案不一致时,不要先去质疑学校,而应该尝试去理解学校为什么这样做,再去引导孩子。因为父母和学校不是处于对立面的,大家的目的都是让孩子更好。所以在孩子面前,父母绝对不能抱怨学校作业过多等问题,而要传递给孩子这样的信息:学校是个好地方,老师喜欢他。这样孩子才不会反感学校、反感学习,我们的教育在整体上才会有进步。

3

坚持这一点,让孩子爱学习

曾经有一位中学生跟我说了一段话,令我非常震撼。他用一系列的真实数据向我展现他一天的生活:早晨6点半起床,7点半到学校,下午5点左右放学回家，开始写作业，写完作业可能还要预习第二天的课程。全部完成后，一天的学习时间几乎超过了12小时，他特别无奈地问我："解老师，您说，我哪里还有时间做其他事情？"

其实，现代教育的背后不仅仅是这一个孩子，绝大多数孩子的学习都是非常辛苦的，他们的休息和娱乐时间几乎都被学习占据了。而这种情况导致的直接结果是什么？就是孩子出现厌学情绪或学习效率低下。所以对孩子来说，有时候学习时间的长短和学习效率并不能画等号。

那难道就不要求孩子学习，对孩子的学习情况听之任之吗？当然不是，但我们必须看到，学习这件事本身是无法长时间吸引孩子的，如果孩子背负了较重的学习任务，又缺乏必要的学习动机、有效的学习方法，出现厌学情绪也不难理解。

这些年来，我通过无数个案例，也总结归纳了几点孩子不爱学习的原因：① 孩子本身对学习缺乏兴趣；② 孩子对学习有兴趣，但学不进去，没有掌握科学的学习方法；③ 孩子容易受情绪或环境影响，时间利用率低下。如果把这三个问题解决了，孩子的学习问题也就迎刃而解了。

然而，知易行难，道理我们都懂，真正操作起来可能会困难重重，所以近几年来向我咨询孩子学习问题的家长也越来越多。一般在这些时候，我不会直接给出解决问题的方法或策略，而是会引导他们先回答以下三个问题。

第一个问题：孩子是否明白自己为什么学习？孩子每天都要上

学、写作业，他是主动自愿地学习，还是因为害怕被家长批评才学？显而易见，主动学习的效率肯定比被动学习高得多。

第二个问题：孩子有没有合适的学习方法？不懂学习方法而"死啃"书本的孩子，学习起来会比较吃力。久而久之，孩子也很容易产生厌学情绪。

第三个问题：孩子能否一直坚持学习？在好的学习动机的推动下，用好的学习方法去学习，再辅以坚持不懈地努力，孩子的学习问题自然就迎刃而解了。

在这三个问题上，家长的回答往往大同小异，最终结果都指向一个：反正孩子不爱学习，怎么说都没用！有些家长为了解决孩子的学习问题，甚至不惜采取"大棒政策"，对孩子严密监视、威逼利诱，这样的方式真的有效吗？如果有效的话，我相信你就不会这么烦恼了。

在我看来，要想让孩子主动学习、爱上学习，最有效的办法就是让孩子快乐地学习。

什么是快乐地学习呢？就是把一种快乐的状态用于学习之中，让学习变成一件享受的事。很多家长可能会不解：孩子最讨厌学习了，你怎么还说学习是一件享受的事呢？

学习本身是不是快乐的呢？从心理学角度来说，它是快乐的。在人的大脑中，有一个部位叫作快乐中枢，当我们认为自己所学的知识有用、重要、有意义的时候，大脑就会自动产生一种活性物质来刺激快乐中枢，这时我们就会感到快乐、愉悦。所以说快乐学习本身是有生理基础的，你无须担心这个过程会让孩子不快乐。

第六章 亲子学习：好父母是"园丁"而不是"木匠"

既然学习能让人快乐，为什么孩子还会讨厌学习呢？

我认为，关键就在于家长平时传递给孩子的学习理念和学习价值观出现了偏差。我先和大家分享一个故事，这个故事是一位老师讲给我听的，讲的是一位父亲和自己的孩子讨论为什么孩子要上学的问题。

孩子问父亲："爸爸，我为什么要上学呢？"

父亲没有像大部分家长那样，和孩子讲一堆大道理，而是说："儿子，你知道吗？一棵小树如果长一年的话，只能做篱笆，或者当柴烧；而10年的树就能用来做檩条；20年的树用处就更大了，可以用来做房梁、柱子、家具。一个孩子如果不上学的话，他7岁就能去放羊，长大了能放一群羊，可他除了放羊，基本什么也干不了；如果他上了6年学，小学毕业，那么在农村他就能用一些新技术去种地，在城市里就能当建筑工人、保安、小商小贩；可如果他上了9年学，初中毕业，他就能学习一些机械的操作；如果上了12年学，高中毕业，他就能学习许多设备的修理；如果他大学毕业了，那么他就能设计高楼大厦和铁路桥梁了；如果他还能对学习保持浓厚的兴趣，学到硕士、博士毕业，就可能发明创造出一些原来没有的东西，这些东西可能会改变我们的生活，让我们的生活变得更美好。"

儿子一听，点点头说："爸爸你说得很对，我知道了。"

这时父亲又说："那么你觉得放羊、种地、当保安这些事情丢人吗？"

儿子回答："丢人。"

父亲却摇摇头，说："不，不丢人，因为他们不偷不抢，用自己的努力养活自己和家人，他们一点儿都不丢人。不是说不上学或上学很少的人就没用，就像一棵一年的小树一样，也是有用的，只不过用处没有大树那么多。如果一个人不读书或读书少，他也有用，但他对社会的贡献就会减小，他创造的财富相对来说也少；如果他读书多，他用的时间多、付出多，他就有能力为社会做更大的贡献，当然他也会创造更多的财富，自己的能力也会得到提高。"

当时听完这个故事，我深受震撼，同时也对学习有了新认知。在很多时候，我们可能都把学习当成一种苦差事，一种改变命运的跳板，而大部分家长传递给孩子的也是这种观念："学习虽然辛苦，但吃了苦中苦，才能成为人上人。""你现在吃点苦，以后才能不吃苦。"在这种观念的影响下，孩子就认为学习是在吃苦。有谁会愿意做让自己痛苦的事呢？所以孩子对学习也就产生了厌倦情绪。

这也提醒我们家长，家长本身对学习的认知其实会给孩子带来非常大的影响。如果父母经常向孩子传递"学习是一种享受""学习是一种自我挑战""学习是为了让我们的未来变得更好，让我们的人生更有价值"等理念，那么孩子就容易产生学习动机，认为学习是一件有意义的事。即使学习期间会遇到困难，他也会苦中作乐，认为这是通往美好生活的一种挑战和考验。相反，如果父母告诉孩子，不读书就没出息，就要去种地、去当小商小贩，那是很丢人的，那么孩子就会认为学习是为了"不丢人"，而不是为了积极的能量。有些孩子甚至为了不学习，干脆直接撂挑子说："我就想去种地、当小商小贩。"这时父母又能用什么方式改变他呢？

所以，在孩子的整个学习过程中，父母传递给孩子什么样的学习理念、什么样的价值观，都直接影响着孩子的学习动机。让孩子明白自己是为了什么而学习，以及他的学习能否持久，这是很重要的。父母能给予孩子的通常不只是学习方法，更多的是进行理念的传递和价值的引导，父母传递、引导的方向正确，孩子自然就会把学习当成一件有价值的事来做，又怎么会从内心感到厌烦呢？

4

教孩子管理时间不等于教孩子听话

我们前面说过磨蹭、拖延是孩子的天性，应该容许孩子偶尔出现这样的行为，可为什么有的家长就认为孩子磨蹭、拖延是个坏习惯呢？因为家长总是用不恰当的标准来要求自己的孩子，一旦孩子不能做到，就会给孩子贴上磨蹭、拖延的"标签"。这是不可取的做法。虽说磨蹭、拖延是孩子的天性，我们不能随意贴标签，但我们需要帮助孩子建立时间观念，改变这种小习惯，让孩子今后变成一个会管理时间的人。因为孩子一旦长时间习惯于拖延，今后做任何一件事的时间成本都会比别人高。

以学习为例，别的孩子半个小时写完作业，而你的孩子要写两三个小时，自然就没时间看课外书或科学展来补充课外知识了。久而久之，你的孩子上课就会觉得跟不上，又要花更多时间写作业，结果形成一种"越缺时间、越没时间"的恶性循环。这不仅会影响孩子的学习成绩，还会打击孩子的自信心，让他觉得自己很差劲，什么都做不好。

虽然每个人拥有的时间都是相同的，但在同等的时间里，每个人的收获却相差悬殊，所以我认为时间也是一个人的"起跑线"，我们培养孩子的时间管理能力就要从小抓起，尽早养成好习惯，才能更好地应对未来的人生。

那么，我们该如何帮助孩子管理时间呢？

培养孩子关于时间的具象化概念，帮孩子培养起初步的时间观念

所谓的具象化，就是把时间这一模糊概念变成看得见、摸得着的具体的东西。对于孩子来说，他们很难理解"马上""一会儿"或"过几天"这种时间单位，对时间的流逝也缺乏清晰的认知，这就要求父母应首先教会孩子认识时间，了解时间的珍贵。

父母可以给孩子买一个闹钟，和他一起观察秒针、分针和时针的转动，让孩子能清楚地看到时间的流逝；或者与他玩一玩给闹钟定时的游戏，比如"10分钟之后响铃"，当闹钟响起时，孩子就知道已经过了10分钟，从而逐渐培养对具体时间的感知。父母还可以与孩子一起记下他每天做不同的事分别需要多少时间，比如吃饭半小时、洗澡20分钟，为孩子今后独自制定日程表打下基础。

除培养孩子的时间观念外，父母也不能做孩子时间管理的"绊脚

石"。很多父母经常会因为心软，让孩子早上多睡一会儿，或者多看会儿电视再去学习。这时父母就成了孩子的"时间小偷"，在不经意间偷走了孩子的时间，这是我们一定要避免的。

学会给孩子的生活"留白"，让孩子明白学习时间管理的好处

除了帮助孩子认识时间，父母还要学会给孩子"留白"，允许孩子有自己的时间，让他去做自己喜欢的事。比如，有的父母一看到孩子写完作业后立马捧起手机，就着急了，觉得孩子是在浪费时间，这时就要给孩子增加额外的作业，或逼着他练钢琴、画画，非要找一些自认为有意义的事把孩子的时间填满才行。

但对孩子来讲，最有意义的事情其实就是玩。我们让孩子学习时间管理，并不是让他把玩的时间用来学习，而是让他在做完一切之后还能玩。如果父母连他自己省下来的时间也要占用，只会让孩子觉得作业是永远做不完的，那还不如慢慢做，反正只要做不完，就不会有新的作业了！所以父母总给孩子找事儿做，反而会导致孩子更加拖延。

父母可以试着放手，先让孩子自由地规划日程，让他按照自己的节奏执行一段时间，父母可以留意记录他在执行中出现的问题，但也用不着每天24小时都严密监视着孩子。他稍微发个呆、走个神，父母就迫不及待地提醒和纠正，只会让孩子过度紧张，失去学习时间管理的热情，甚至产生反感情绪。

等孩子按照计划完成了手头的事之后，父母要按照约定允许他有自己的时间，在这段他自己省出来的时间里，他想做什么都可以，哪

怕是玩游戏或发呆，父母也不要干预。只有孩子真正尝到了管理时间带给他的甜头，他才更愿意付出精力去学习。

拿我儿子嘉嘉来说，每到新学期和假期开始前，我都会鼓励他给自己制订学习计划，我负责帮他记录。一开始，嘉嘉会给自己制订非常充实的计划，我明知他执行不下去，也会控制自己，不去泼冷水，而是引导他思考这里面比较难执行的地方在哪里。并提醒他，我觉得这份计划有些严格，并允许他适当调整。但如果他真的能做到，妈妈会为他感到非常骄傲。事实上他根本做不到。

接下来，我要做的就是允许他一次次修改自己的计划，每一次都鼓励他按照新的计划去执行。可能有的父母觉得，这不是无底线地放任孩子降低对自己的要求吗？并非如此，因为每次修改其实都是我和孩子一起商议修订的。在这个过程中，只要父母解释清楚其中的难点和应该坚守的底线，那么对于孩子而言，实际上是收获了父母极大的认可和信任。而且父母对孩子的正向期待，也会促使孩子努力变成父母所期待的样子。

给孩子提供"助推"，可以为孩子营造更友善的环境，提高孩子对时间管理的热情

"助推"是行为经济学里一个很重要的名词，既不用强制手段，也不用硬性规定，而是只提供轻微的助力，帮助一个人做出最优选择。比起整天跟在孩子后面唠叨或惩罚，父母可以以身作则，主动与孩子分享自己的时间安排，让孩子看看父母是怎样执行的。

以嘉嘉为例，有时候嘉嘉的爸爸会趁着嘉嘉放假的时间带他去公司，让嘉嘉体验一把职场人的生活。当嘉嘉发现公司里每个人都是严格按照计划好的时间做事时，他的时间观念就会跟着加强了。

当然，父母也不是非得带孩子去工作场所才能教他学会时间管理，在日常生活中同样有很多机会让孩子看到父母的时间观念。比如出门做事不拖延，约好的时间不迟到，事情很多时如何规划等。这种榜样的力量就是一种助推，比起唠叨和惩罚，助推不仅可以有效减轻孩子的抵触情绪，还能让父母教育孩子的时候更有说服力。只要父母做到了，孩子自然也会受到正面的鼓舞。

5

考前一个月帮孩子达到最佳状态

当孩子逐渐长大、年级越来越高时，他们会面临越来越多的考试，而考试也是孩子现实生活中的一门必修课。考试一方面能够体现孩子的学习能力，另一方面也能体现孩子的应考能力。有的孩子应考能力强，成绩就会相对较好；有的孩子应考能力比较弱，尽管平时学习成绩好，但考试中往往没办法正常发挥出自己的水平。因此，从容应考应该是通往成功的一种必备能力。

一般情况下，如果孩子想在考试中发挥出色，那他首先要具备较好的知识文化水平，其次还应该具备相对坚强的意志和心理能力。如果缺乏其中任何一种心理条件，我觉得都可能会导致考试失败。大型考试的失败甚至会诱发一些情绪障碍问题，这些问题会使孩子对所有考试产生惧怕心理。实际上，我们成年人也会在生活中面临一些有压力的场合，比如有的人在面试时很容易产生焦虑情绪。作为家长，如果我们想帮孩子在考前获得一个较好的状态，我个人认为，我们自己首先要了解焦虑是怎样产生的，以及如何去慢慢缓解焦虑。

曾有很多家长向我提出这样的问题：孩子平时学习很努力，而且老师也觉得他在课堂上表现不错，能及时回答老师的问题……奇怪的是，孩子总会在大型考试时"掉链子"。这些孩子在考前会紧张到睡不着觉、担心考试会考到自己不会的题目……时间一长，他们复习的状态就越来越差。有的孩子甚至会在考试时突然眩晕，脑子一片空白。很多孩子说，这些知识点自己明明都会，可当看到题目时，发现考的不是单独的知识点，而是综合运用，结果孩子就可能会因为忘记了对应的公式而解不了题，只能选择跳过这道题去做别的题目。而当他面临其他看上去可能也有点难的题目时，又容易焦虑。一直处于这样的焦虑状态中，考试结果可想而知。

从心理学角度上分析，适度的焦虑是有益的，焦虑可以使人的注意力在短时间里快速集中，并让你在考试时反应更加迅速，发挥出最佳水平。同时，适度的焦虑还可以帮你恢复记忆，就像神来之笔一样，明明对一件事情有焦虑、压力大的情绪，但这种压力反而激活了曾经我们以为已经忘掉的一些记忆。

适度的焦虑是好的，而过度的焦虑就会产生反作用。如果焦虑过度，脑海内瞬间一片空白，就会极度干扰回忆的过程，这时整个思维过程就会不断被瓦解，最后导致发挥失常。因此，父母就要认识到这个问题，同时帮助孩子接纳这种适度焦虑。只有孩子接纳了，才能在适度的焦虑情绪下正常发挥，而不是演变为过度焦虑，导致发挥失常。

认识了焦虑后，在临考前一个月，父母要帮助孩子调整好状态，具体可以从以下几个方面入手。

帮助孩子从内心接纳自己的焦虑

父母可以告诉孩子：每个人一生中都会面临很多重要任务，而且每个人在面临重大任务时都会焦虑、恐惧。这恰恰说明这个事很重要，我们要打起"十二万分"的精神来面对。与此同时，父母也要鼓励孩子不断提醒自己，虽然任务艰难，但它同样能把自己的潜能激发出来，并提高自己处理问题的效率。所以，遇到与我们息息相关的一些重要的事情时，我们都会出现兴奋或紧张的情绪，这是再正常不过的事。

帮助孩子控制好自己的情绪

每个孩子都存在着个体差异，所以考试给每个孩子带来的影响也是不一样的。从我这些年的观察发现，那些性格相对比较内向、自我平复情绪能力较弱的孩子，更容易出现焦虑情绪；还有那些独立性相对较差的孩子，在面临重大事件时也更容易焦虑。

如果孩子在平常的生活中就已经向父母展现出这些特点，那么在重要考试之前，父母就更要关注焦虑情绪有没有影响到孩子的复习、有没有影响到他的最后考试。作为家长，父母要帮助孩子保持一种适度紧张的状态。在这种适度的状态下，孩子才能恰当地去处理考试带给自己的压力，才能通过调整自我机体的心理状态，把积极的力量发挥出来，从而让孩子的心理状态与环境相适应，把最好的状态调动出来。

那么，父母该如何帮孩子调动出最好的情绪状态呢？

我给大家提供一个建议。孩子们在考前复习时，如果发现某道题不会但又预感到考试会考到，这是非常容易产生焦虑情绪的，也很容易把原本比较好的学习状态打破。此时，父母应该教会孩子随时随地建立自己最佳的学习状态。如何去做呢？这里分为以下几步。

第一步，找回自己最佳的状态。最重要的一点是，父母要让孩子回想起自己快乐学习的经历，比如，一群同学讨论某个题目，相互之间产生了思想碰撞，也给参与讨论的同学带来了快乐。父母要让孩子去回想在学习中能让自己感到满足和喜悦的时刻。

第二步，充分回想那个时刻的所有细节。比如，孩子当时看到了什么、跟谁说了什么话、别人与自己说了什么、自己当时感受到了什么……让孩子尽量去回想快乐学习的经历所带来的感受，那时孩子的内心一定会充满喜悦、幸福和力量。

第三步，当孩子的内心充分唤起这些感受的时候，让孩子握紧拳头，做两个深呼吸，眼睛坚定地往上看。

第四步，让孩子挺胸坐直，面带微笑，继续做两次深呼吸，眼睛坚定地往前上方看，对自己进行心理暗示：就是这个感觉，已经回到我的身体来了！等孩子觉得自己已达到这个状态时，就放开拳头，回到现在的学习状态中。

这是孩子的心理逐渐走向成熟的过程。

当然，如果想要随时保持这种学习状态，我建议孩子在复习之前先训练一两次，时间可长可短，直到达到效果。这种良好的状态能够带来一点紧张，而紧张的情绪在复习中会给自身带来专注。这种专注可以调动全身机能，并让孩子的大脑变得非常敏感，最终会把他复习到的内容存储在自己的脑海里，变成深刻的记忆。

总的来说，父母帮助孩子去缓解焦虑情绪，其实是给孩子传递信心。在现实生活中，很多孩子感受不到父母对自己的信心和认可，主要是因为家长的语气、语调、眼神等，表现出来的状态对孩子来说是一种责备、冷漠，或是一种不满。尽管父母自己内心深处不这么想，但我们的潜意识会表现出来这样的情绪。

我们可以回想一下，当孩子刚刚出生，你刚刚从产房出来时，你看向孩子的眼神是什么样的？你能不能保证生活中一直用那种眼神去看孩子？如果你能做到，那么孩子就会从你的眼神中感受到父母对自己的爱和信心。当我们能用正确的状态去给孩子输入信心时，孩子才会真的从内心深处感受到父母传递给他的力量。

6

高考后困惑家长的问题，可以提前解决

作为人生中非常重要的一次考试，高考承载着太多人的希望。高考结束后，无论成败，都让很多家长松了一口气。事实上，孩子人生的一次重大考验虽然结束了，但家庭教育还没有暂停。孩子上大学以后，家庭教育还要再关注些什么？父母还可以做些什么才能帮助孩子更好地走进社会？

有一年的高考前夕，新东方的俞敏洪老师写了一篇文章来回忆自己当年的高考。其中写道："这条路径尽管很窄，像独木桥一样，因为每年几百万人考试只有十几万人能够被大学录取。但是我知道，一旦我被大学录取，我就从此离开了面朝黄土背朝天的农村生活，可以在自己所喜欢的知识世界和外部世界尽情遨游。"我们知道，那时的高考刚刚恢复，高考也成为当时很多年轻人改变命运的"唯一"途径，所以高考自然就成了当时很多人人生中的一座独木桥。

但随着时代的变迁和社会的进步，我们慢慢了解到，高考其实并不是我们人生的终点，它可能只是我们人生面临的一次重要的考试、一个重要的选择，它不仅不是人生的终点，反而是我们人生步入独立的起点。

以我自己为例，我当年高考完也是迷茫的：第一，我即将面临的是一个自由的世界，但我要怎么去把握这种自由？我要怎么去坚持学习？我自己选择的学校和专业是不是适合自己？……这些我都不得而知。第二，经过高考这座独木桥后，我把大学视为一个放纵的天地。读大学的那几年，我也荒废了很多的时间，直到从事工作以后，在工作中又重新不断学习，我才在事业上慢慢找到了自己的方向。

整个过程中我经历了很多的转折，而那时我的父母没办法给予我太多的支持和帮助。父母认为，只要我通过了高考，我未来的人生就会一帆风顺。而我自己在那时也是有这种想法的，可现在的世界已经太不一样了。很多的学生在经历过高考、读了大学、步入社会以后会发现，做好大学那几年与毕业后所面临社会的衔接，才是最重要的。

孩子高考结束以后，我们在教育上又面临着哪些新的问题呢？

父母如何面对孩子最后的考试成绩

在高考刚刚结束还没有公布分数的时候，父母是否能调整心态，以平常心去接纳孩子高考的成绩？

首先，父母要认识到，无论最后的结果是好是坏，它都已经是不可改变的事实。如果孩子考得非常好，父母可以稍微开心一下；如果孩子考得不理想，没有发挥出平常的水平，这时他希望父母能给出一些建议，比如，他的下一个目标是什么？报考什么样的学校？选择什么样的专业？

其次，很多家长在为孩子提供建议时，一般都会用相对比较现实的观念去帮孩子做出选择。比如，什么样的专业将来会好找工作？什么样的专业月薪相对比较高？其实这些都不重要，我觉得最重要的是了解孩子的优势和兴趣，鼓励孩子选择一个能将两者结合的专业，孩子自己也会有动力去继续学习。

父母如何与孩子沟通，帮助他们树立正确的恋爱观

在高中时期，家长都很担心孩子早恋，但又没有与孩子去深入讨论爱情本身是什么、亲密关系是什么等话题。到了大学阶段，父母就应该帮助他们学会怎样正确地开始和维系一段恋爱关系。

首先，家长要给孩子树立正确的榜样。家长自己能不能很好地经营夫妻之间的关系，对于孩子来说是个很大的影响因素，所以家长要在生活的很多细节中向孩子展示两个异性之间的相处关系是如何搭建的。比如，可以告诉孩子，在18岁以前、你未成年的时候，父母很多重心都放在你的身上，但现在你长大了，很快就有自己独立的人生，我们需要去享受一下"二人世界"了。这些细节的传递其实是在潜移默化地告诉孩子：爱情是美好的，要有勇气去开始一段美好的关系。

其次，在孩子碰到挫折时，比如，有人提出孩子现在还不能接纳的需求时，父母要学会应该怎样合理地去提醒孩子拒绝这些事情。当父母意识到孩子正在建立一段感情时，要多关注他们的情绪变化。父母要让孩子明白，两个完全不同的人建立起亲密关系，需要面临很多沟通上的问题，但感情是需要两个人共同付出、共同努力来维系的，

第六章 亲子学习：好父母是"园丁"而不是"木匠"

所以他们需要学会与对方建立一个亲密但又有度的关系。

父母如何向孩子传递适当的金钱观

很多孩子考取的大学离家较远，这时父母应该怎么给生活费？给多少生活费？

大多数家长是通过自己的家庭经济条件来决定孩子的生活费多少的。其实，我们应该有个简单的思考，那就是了解一下孩子所要去的城市的消费水平，然后考虑是一次性给还是分月给。当然，对于从小就有节约观念的孩子来说，这些并不需要过多考虑，父母可以咨询孩子自己的意见。如果他本身对金钱的把握比较到位，父母可以一次性给他，让孩子在学习时能把足够多的钱按照自己的方式去进行分配，反而可能会有更好的效果。

此外，父母还应该让孩子在成年以后适当地知道家庭的生活压力。拿我自己来说，我在读初中时没有意识到家里的条件是比较差的，因为父母从小就把我照顾得很好，基本我的同学有的东西我都能得到。

我真正意识到自己的家庭在经济上有巨大困难时，是有一次我非常直白地对母亲说我看上了一双凉鞋，我的母亲那时确实拿不出钱，就跟我说不要买了。我当然很不满，态度特别激烈地问母亲为什么不给我买？最后母亲被我气哭了，她觉得自己没能力给女儿提供更好的生活，这让她特别懊恼。这时我才明白，其实我的家庭经济状况并没有我想象的那么好，从那时开始，我才慢慢学会合理地使用零花钱，并体会到了父母的不容易。

　　实际上，如果家庭真的有一定的经济压力，在孩子成年后，父母要逐渐让孩子了解到这个事实。有些家长总喜欢对孩子说："我们愿意为你付出一切，哪怕我们再苦再累也不会让你吃苦。"我觉得这种想法是很可怕的。因为当父母真的这样无条件地为孩子付出时，要么培养出一个完全不懂感恩的孩子，要么培养出一个特别有压力的孩子，这两类孩子的人生都不会太顺畅。

　　正确的做法是，在适当的时候与孩子聊一聊家庭的经济状况、生活压力，同时鼓励孩子在力所能及的情况下，自己去承担一定的责任。

第七章

家庭序位："都挺好"的序位让孩子受益终生

和谐的家庭关系是孩子安全型依恋关系的来源，而和谐的家庭关系离不开家庭成员之间的序位问题。在家庭当中，不管是爷爷奶奶、外公外婆，还是爸爸妈妈，或是孩子们之间，每个人都应该有属于自己的位置，这样才能形成一个有序、有界线、真正"都挺好"的家庭结构，每个人在这种家庭结构中也会越来越好、越来越喜悦，从而使孩子借助这样一种稳定的、不被干扰的家庭氛围，将关注力放在发展自己的内在生命力之上。可以说，理想的家庭序位会让孩子受益终生。

1

什么样的家庭序位才能"都挺好"？

家庭关系对于孩子的成长有着至关重要的作用。德国心理治疗大师伯特·海灵格通过研究发现，在家庭当中，往往有一些不易被人们意识到的动力影响着家庭成员间的关系，这种动力就是家庭成员在家庭中的序位。也就是说，在家庭中，每个人都应该有一个属于自己的合适的位置，这个位置应该是既让自己感到舒适，同时也让孩子感觉到舒适。但在与一些家长的交流中我发现，在很多家庭当中，家庭成员的序位都不是很清晰，或者说家庭成员原本的序位就是错误的。

比如，在有的家庭里母亲几乎成了绝对的主导，孩子的各种大事小事母亲更操心、更负责，因此母亲也表现得更强势，习惯于在家庭中做各种决定。但是，母亲在担任这个角色的同时，也会经常抱怨和指责，比如指责父亲在家里不作为，什么事都指望不上父亲；同样，母亲也会指责孩子，认为孩子的问题太多，事事都要让自己操心。

那么，父亲是不是真的完全不关心家里、不关心孩子的成长和教育问题呢？往往并非如此。大部分的父亲都是很有家庭责任心的，但往往因为没有在家庭中找好自己的位置，使自己渐渐被"边缘化"。比如，有一次我和一位父亲沟通，他告诉我，其实自己也很想融入家庭中，但妻子总是对他各种挑剔，认为他什么都做不好，带孩子带不好，还会把孩子骄纵坏。慢慢地，他也不想干了，反正干了也不被认可，孩子出一点儿问题就怪到自己头上。

那么这种家庭环境中成长起来的孩子会有什么问题呢？要么性格懦弱、胆小，要么任性、叛逆，还有一种就是专注力特别差，父母对他说什么，他都没什么反应。遇到这种情况，我就会推测，这样的孩子要么出自隔代养育的家庭，要么就是父母在家庭中的序位模糊，在对孩子的教育问题上不清晰、不一致。

除了父母之间的序位问题外，其他家庭成员的序位问题也会影响孩子的成长。比如现在普遍存在的隔代教养，爷爷奶奶或姥姥姥爷帮忙照看孩子，在这种情况下，老人就会本能地替代了父母的角色。我见过很多家长，自己平时都是不带孩子的，也不怎么管孩子的吃喝拉撒，一般刚一上手，老人马上就上来了："给我吧，你弄不好。""看你弄的，孩子不舒服，我来弄吧！"……久而久之，原本该父母尽的责任都被老人代替了，而孩子也会因为父母不在自己本来的位置，渐渐对家庭关系的认知发生偏离。在这种家庭关系中，孩子往往与老人更亲近，与父母关系比较疏离。但老人毕竟不是孩子的父母，当孩子与父母之间的关系渐行渐远，甚至出现情感断裂时，他的安全感、自我认知等就会出现混乱，同时与父母间的依恋关系也变得不再正常。

所以，我在讲课期间，或在与一些家长沟通时，经常会谈到家庭序位问题，同时也会和家长一起做一个简单的梳理，看看他们的家庭成员序位是不是错乱的。只有各个家庭成员都做到不混乱、不越界，形成一个有序有界的"都挺好"的家庭结构，孩子才能与父母间建立起安全的依恋关系，同时将更多的注意力放在发展自我的内在生命力上。

具体来说，我认为要构建正确的家庭序位，家长应从以下几个方面去努力。

在养育孩子的过程中，不越界，不推诿，学会准确地站在自己的序位上

在家庭中，每位成员都要找准自己的位置，不要轻易越位，学会让位。比如父亲应主动承担起更重的家庭责任、学会担当，当父亲能同时达到这两个标准时，那么这个家就更有决断力和清晰的方向；而作为母亲，需要为家庭付出更多的爱和包容，当她承担好自己的角色后，这个家就是更有爱的、接纳的。

但在现实生活中，很多母亲往往担任了父亲的角色，而父亲成了一个可有可无的角色，显然母亲越位了。母亲应该把父亲的位置让出来，彰显父亲在家中的影响力。在面对一些问题时，学会示弱。比如对丈夫说："这个我不擅长，需要你来帮忙。""你跟儿子说话更管用，你去跟他沟通。"……当一个人感觉自己在家庭中是被需要、被重视的时候，他也会努力去扮演好自己的角色。

如果家中有老人帮忙照看孩子，老人可能对孩子更关注些，有时也会出现越位现象。这时我们也可以主动与老人沟通，比如："我下班

后,由我来照顾孩子就好,你们一天也辛苦了,晚上多歇歇。"而在一些关于孩子成长的关键问题上,也提前和老人沟通好,比如自己在管孩子时,老人尽量不要插手,等等。

在面对自己的父母时,学会肯定自己的父母,而不是去改变他们

现在,很多家庭都是祖孙三代一起住的,这就会出现很多矛盾。我在给家长们讲课时就发现,一些家长在面对孩子的教养问题上,经常会与自己的父母发生矛盾,有时甚至会批评、指责自己的父母。

父母在某些事情上做的是对是错,我们姑且不论,单说批评、指责自己父母这件事,我是非常不认同的,因为你已经打乱了家庭的序位,家庭成员的关系完全错乱了。比如有一次,一位家长跟我交流时就说,他希望自己的父母能出去玩玩、旅旅游,可父母不舍得花钱,他就很生气,就和父母说:"让你们去就去呗,心疼什么钱啊!一天到晚省那点儿钱干吗用?"这原本是对父母好,可我却听不出爱的感觉。类似这种情况,父母和孩子的沟通模式可能就变成了:"哎呀,不是觉得没必要花这个钱嘛,你看你这么凶。"

经常这样,父母和孩子之间就会形成一种混乱的序位,父母变得越来越像小孩,而孩子变得越来越强势,但同时也越来越累,因为你不但要操心"老小孩",还要操心自己的孩子。

相反,如果我们把自己的父母放在他们本来该在的序位上,不去批评、指责他们,而是经常对他们表示尊敬、感谢,这样父母才会觉得我们真正长大了。有些父母为什么整天挑自己孩子的毛病,觉得他工作不好、持家不会、育儿差劲？其实就是想要证明自己，希望你能听他的建议。如果我们告诉父母："您上次说的我觉得很有道理，姜还是老的辣！"这样，父母才能感觉到自己被认可，也能意识到自己在家庭中的角色应该是什么。

总而言之，在一个家庭中，序位是非常重要的。你心中有了序位的分别，家庭才会有秩序；有了秩序，你才能厘清自己的位置，才能给予自己的父母和孩子正确的爱。父母承担父母的责任，孩子承担孩子的责任，大家都不越位，家庭关系才是平衡的，同时也能形成良好的互动，让孩子感受到家庭的温暖与安全。

2

相敬如宾是婆媳最好的相处方式

如果说现代家庭当中最烦恼的事，那婆媳关系一定会"榜上有名"。我在与一些母亲交流时，经常会听到她们吐槽自己的婆婆，并且多数都是因为带孩子而产生矛盾。而我也是一位男孩的母亲，以后也会成为别人的婆婆，可能也会面临婆媳之间的相处问题，所以在婆媳问题上也会多一些思考。

事实上，当有了婆媳关系的那一刻，婆婆和儿媳妇之间的问题就开始出现了。从先天的亲疏上来说，奶奶和外婆与孩子间的亲疏都是一样的，但对于孩子的妈妈来说，婆婆和亲妈却是有差别的，而这个恰恰就是婆媳之间的一些问题所在。亲生母女之间，存在着最亲近的血缘关系，二者对对方都非常了解，感情基础牢固。即使偶尔产生矛盾，也能知道对方的边界在哪里，不会真正在心里记恨对方。

相比之下，婆婆与儿媳妇之间，因为生活环境、性格等差异，同时还暗藏着对同一个男人的争夺之心，彼此间如果缺乏宽容、理解之心，很容易就会出现矛盾。

所以我们常常会看到，即使是同一件事，在婆婆和自己母亲那里，发展走向也很可能是不同的。比如有一次，一位母亲就跟我抱怨说："我婆婆总是用自己的筷子给孩子夹菜，我跟她说那样不卫生，她就不高兴了，连我老公都跟着给我黑脸，说我矫情！"我就问她："平时都是奶奶帮你们带孩子吗？会不会姥姥也帮忙带一下？"得到她的肯定回答后，我问她："那姥姥平时会这样做吗？"她说："我的妈妈之前有时也那样，我说了她两次，她就改过来了。"

上次还有个父亲给我留言，说他的母亲要给不到一岁的孩子吃大人的菜，他的妻子当时就"炸了"。可几天后，他们回岳母家，岳母给孩子喂大人吃的菜，他的妻子看见了，还直夸孩子吃得香。

这两个现象虽然不能反映出所有的婆媳关系，但也给了我们一定的启示，那就是在养育孩子的过程中，婆媳关系会变得更加敏感。除了婆婆与自己的母亲本来就不同之外，婆媳之间的关系还有很多深层次的原因，所以要维护好两人的关系，彼此也需要多付出一些努力。

通常来说，如果家里的孩子是女孩，女孩和自己的父母之间相处起来会更亲密、更融洽，交流和沟通方式也更多。相反，如果家里的孩子是男孩，长大后与母亲之间的交流就会相对少些。母子之间的沟通尚且不足，更何况是隔了一层关系的婆媳之间了，如果再加上一个孩子，那相处难度会再上一个台阶。

另外，在传统观念中，婆婆一直都认为自己才是一家之主，而当儿子娶妻成家后，家里突然多出一个"外人"，并且是个跟儿子非常亲密、又成为家里新主人的"外人"，她们从心理上是不太容易接受的。因此，很多婆婆也想继续维持自己在家庭中的主导地位。这时如果家里再多出一个孩子，哪怕以前还能维持表面的平静，也会因为孩子的到来和各种养育问题而让矛盾和问题浮出水面。此时，婆媳之间相处起来也会更加矛盾重重。

以上种种，都会成为婆婆们被吐槽的原因。当然，这并不是说婆婆所做的一切都是不对的，儿媳妇做什么都对，事情都有两面性，当我们决定和婆婆一起养育孩子时，就要做好一定的心理准备，尽量巧妙地处理与婆婆之间的关系，为孩子的健康成长营造一个和谐的家庭环境。

那么具体来说，我们该如何与婆婆相处呢？我认为可以从下面几个方面入手。

理性地定位你和婆婆之间的关系，调整好家庭成员的序位

我们首先要明确一个问题，在家庭当中，我们要面对的并不是婆婆，而是一段婆媳关系。当你把问题定位在"关系"上时，就意味着

问题是双向的。不管在什么样的家庭环境下，一段成年人之间的关系要想获得良性地发展，都需要双方共同的努力和经营，而不是单方面的付出和要求。

在我看来，当婆婆和我们一起生活，并一起养育孩子时，我们就要对自己与婆婆之间的关系进行理性的定位，这个定位就是：我们是一起工作的伙伴，只不过这份"工作"是养育孩子。这是我们和婆婆愿意共同努力的目标和方向，同时，这也是平衡婆媳之间关系的最大前提。这个前提明确后，我们才能进一步磨合接下来的"工作细节"。

在养育孩子方面，婆媳之间最大的问题往往源于彼此照顾孩子的理念不同。比如很多老人喜欢给孩子穿开裆裤，觉得这样又方便又省钱；而年轻人则喜欢给孩子穿纸尿裤，认为这样既方便又卫生。这时就可能会出现矛盾。

面对这种情况，我们首先要提醒自己：我们的目的不是指责婆婆养孩子不科学，而是为了让孩子更舒服、更卫生；婆婆也不是故意和我们作对，只是受限于她的经验和常识。所以我们要做的就是，用合理的方式把科学的养育方法告诉婆婆，比如经常给婆婆读一些科学育儿的文章，和婆婆一起学习科学育儿知识等。婆婆所做的一切也都是为了孩子好，那么当她得知其实穿纸尿裤不仅没坏处，还有很多好处时，也会转变观念，接受新的知识。

所以，每当遇到向我吐槽自己婆婆的母亲时，我都会和她们说，不要期待自己不付出努力就能遇到一个完美婆婆，而是把自己放在家庭女主人的序位上，成为推动彼此关系的主导者，这样才能化解矛盾，让家庭关系更加和谐。

从内心尊重婆婆，与婆婆之间形成相敬如宾的相处方式

有些母亲可能会说："我也经常跟婆婆说要科学养育孩子啊，可说了人家也不听啊！"这时我都会问她们一下："为了让老人改变，除了说之外，你还做了哪些努力呢？"其实很多时候，即使老人有心改变，也可能因为生活经验的限制而难以跨出这一步，这时就需要我们用行动来协助。

嘉嘉一直都是我的母亲帮忙照看的，虽然我们相处起来要比婆媳之间容易得多，但有时我的母亲在养育嘉嘉时的一些做法，我也是不太认可的。比如，我在给嘉嘉用电动牙刷刷牙时，她就认为我是乱花钱，这时你抱怨是没用的，不如想办法解决问题更好。我的做法就是，给她和我的父亲都分别买了一支电动牙刷，让他们体会一下电动牙刷和普通牙刷刷牙的区别，用过之后，他们就发现电动牙刷确实有很多优点，这时他们自然就接受了我给嘉嘉用电动牙刷这件事。

在讲课时，当涉及这方面的问题，我会经常对家长们说，老人只有真正感受到你的尊重和用心，才愿意改变自己。这样形成的婆媳关系通常都是相敬如宾的，也是婆媳之间最好的相处方式。家庭成员之间的关系融洽，彼此都在自己对应的序位上，做自己该做的事，受益最大的就是孩子。在这种家庭环境中成长起来的孩子，会时刻感受到家庭的温暖和家人对自己的关爱，因此也更容易与家人之间形成亲密的依恋关系。

3

用正确的姿态面对"隔代教养"

　　隔代教养在中国是一个普遍存在的问题，有调查发现，几乎70%的家庭都面临这个问题。其中的一个重要原因，就在于我们较大的社会压力。以现在工薪阶层的收入为例，如果家庭中只有一个人在工作，经济压力会非常大，因此，双职工家庭的出现就不可避免。而现代社会对女性在职场上的发展愈发支持也是另一个原因，女性更想在职场上赢得自己的一片天地，所以就无法花费更多的精力回归家庭，缺少照看孩子的时间。

　　与此同时，在中国传统的家庭文化中，"家人应该在一起"的概念根深蒂固，我们和父母甚至爷爷奶奶都是不可分割的整体。另外，受传统文化的影响，父母退休后也希望有更多的时间和孩子或孙子在一起。换句话说，他们不太希望过独立的生活，而是希望继续在孩子身上"发光发热"，为孩子奉献自己的能量。

　　在多种因素的影响下，隔代教养便成了我国的"基本国情"。

　　隔代教养有一定的好处，但也存在很多问题。从好处上说，这种方式能减轻年轻父母照顾孩子的压力，而且祖辈之间的血缘关系也会使老人本能地对孩子产生慈爱之心，这一点非常重要。加上许多老年人也像孩子一样有童心，容易跟孩子打成一片，相处起来会更加融洽。所以，隔代教养还是有很多好处的。

我们既然承认了隔代教养有好处，在享受它带给我们好处的同时，也不能忽视它的一些弊端。其中最大的问题，就是老人的一些育儿观念与年轻人不同。比如现在年轻的父母都不太认同给孩子"把屎把尿"，主张给孩子穿纸尿裤，让孩子自然排便；认为宝宝的衣服要穿安全技术为A类的，辅食添加要遵循一定的顺序……而这些，老人可能都无法理解和认同，所以彼此之间就会出现一些矛盾，有些年轻人甚至因此而抱怨父母。

事实上，我们总是一味地抱怨老人，却没有想过他们这样做的原因。心理学家李子勋曾说过："我们成年以后，对父母的抱怨很多时候是因为我们需要这些抱怨，我们觉得这些抱怨会让很多事情合理化，我们能轻而易举把问题推到父母头上。"所以我们需要思考一下，我们对老人是不是太苛刻了？当我们要求老人改变对待孩子的做法时、当我们无法做到全权照顾自己的孩子而不得已需要老人伸出援手时，我们还有什么资格责怪他们呢？即使双方的教育观念出现冲突，我们是否端正好自己身为子女的态度了呢？

在我接触的家长中，也有一些父母会向我抱怨家中的老人对孩子照顾不当，这时我通常都会跟他们说，多试着去理解老人，理解老人对孩子的教养方式。即使做不到百分之百的理解和接受，也要做到以下几点。

多从自己身上找原因

面对老人在教养孩子过程中出现的一些问题，我们首先要摆正自己的心态，先扪心自问："我自己是否做到了最好？"要知道，教养孩子的第一责任人是父母，尤其是母亲，而不是爷爷奶奶、外公外婆。在一个家庭当中，如果母亲这个角色较好相处，并且性格温和、宽容，那么这个家庭的氛围也会更和谐。

所以，我会经常提醒一些家长，父母才是影响孩子最深远的人生导师，是教养孩子的第一责任人。为人父母，不管工作多忙，都要尽量抽些时间陪孩子。同时，在教养孩子的问题上，也要积极与老人沟通和交流。父母必须是最了解自己孩子的人，而不是一出现问题就把责任推到老人身上，这样才能与孩子之间建立起正确的依恋关系，给予孩子健全的人格。

尽可能地尊重老人，尊重老人的智慧

在隔代教养中，一旦双方的育儿观念发生冲突，我们在和老人沟通时要尽量做到讲事实而不是去责怪他们。比如，嘉嘉小时候，姥姥就喜欢追着他喂饭，导致他有段时间不好好吃饭。我在发现这个问题后，就和我的母亲沟通说，我们以后吃饭时，就一家人都坐下安安静静地吃饭，让孩子自己吃。如果他不肯吃，也不用追着喂，直接把饭菜收了就行了。

但有些父母可能会这样和自家的老人说："都跟你说了多少次了，不要追着他喂饭，他不吃就饿着！你这样追着喂，他永远不会自己吃饭，会被你宠坏的！"这样一定会让老人无法接受，同时也无法理解你的本意。

那么，我们要怎么和老人沟通呢？最重要的一点就是要找对理由，而不是去指责这件事的后果。比如我在让我的父亲不要给嘉嘉穿太多衣服时，就会跟他说，从生理角度而言，孩子和老人对于冷热的感知是不一样的，老年人觉得冷，孩子可能并不感觉冷。通过这种方式和我的父亲讲，他是能理解的。

带老人一起学习育儿知识

平时我在看到一些容易读进去的亲子书籍时，也会分享给我的父母。我的父亲很爱读书，而且他看了会分享给我的母亲，这些书也在不断影响他们。这样一来，就使我们彼此间在嘉嘉的教养问题方面少了许多矛盾。

同时，我也经常建议其他家长这样做，不仅把自己平时看的育儿方面的书籍分享给老人，一些专家讲座也可以带着老人一起参加，鼓励老人多接触新的、科学的育儿知识。在这个过程中，老人的育儿观念也会发生改变。

父亲要承担起自己的责任

虽然说一个家庭和谐与否很大程度都取决于母亲，但父亲的角色也很重要，不能忽视。尤其是家庭当中有隔代教养的问题时，父亲更应该勇敢地担负起自己的责任。很多母亲都认为，自己在和婆婆发生矛盾时，丈夫应该去充当桥梁的作用，因为很多矛盾在父亲出面协调后都会比较容易化解。但实际情况是，父亲不能理解自己在家庭中的重要性，认为照顾孩子有老人，做家务有老婆，自己只当个甩手掌柜。这种观念是错误的。

当家庭中因为教育孩子的问题出现矛盾时，父亲首先不要逃避。在妻子抱怨婆婆的某些育儿方式落后、和婆婆完全没法沟通时，父亲应该换一种方式去和自己的母亲沟通，老人一般更容易听取自己儿子的意见。即使是外公外婆带孩子，有时母亲也容易跟自己的父母产生矛盾，这时同样需要父亲出场，与岳父岳母沟通，帮忙解决问题。

所以，父亲在家庭中应该不断放大自己的角色，不断去思考这件事我能做些什么？我的妻子和我的父母出现矛盾时，我能做些什么？……而且对于孩子来说，父亲也是家庭中的主心骨。孩子能很清楚地感觉到，父亲是否有发言权，尤其是男孩，由此也能培养他的责任感。

4

长幼有序，才能手足情深

近几年，我国二孩政策放开，是否生二胎也成为很多家庭要考虑的问题。在这些要考虑的问题当中，除了经济、时间问题等，如何平

第七章　家庭序位："都挺好"的序位让孩子受益终生

衡好二宝与大宝的关系也让很多家长比较关心。在我讲课期间，就经常有家长向我咨询关于生二胎的问题。在大部分家长看来，孩子能有个兄弟姐妹一起长大，以后父母不在了，孩子可以不那么孤单，从这个角度来说，生二胎的确是个不错的选择。但同时，生二胎也会面临许多现实问题，即使经济宽裕、时间充足，也要考虑到两个孩子的成长问题。

一般来说，当有了二宝后，家人对大宝的关注度都会有所降低，同时对大宝也有了更多的期待，比如希望他能表现得像个哥哥或姐姐那样懂事，爱护自己的弟弟妹妹，凡事都能主动让着弟弟妹妹。有些父母甚至特别希望二宝的到来能加速大宝的成长，让老大一夜之间就从之前那个只会撒娇、任性的"熊孩子"，成长为一个乖巧、听话的"小天使"。每当家长跟我提起他们的这些"期望"时，我都会给他们浇一盆冷水："不要忘了，大宝也还只是个孩子。"

对于任何一个年幼的孩子来说，在成长过程中缺乏父母的耐心陪伴和必要的关注，都会引发一些退行性行为，比如睡觉时哭闹，必须妈妈抱着才肯睡；明明有便意，却不肯去厕所，转眼就尿裤子；不肯好好吃饭，非要像二宝一样，用奶瓶喝奶……仿佛随着二宝的到来，大宝不仅没长大、懂事，反而一下子"变小"了，只会做一些很小的孩子才会做的事。

这些并不是大宝刻意为之，也不是故意找碴，从心理学上来说，这是一种非常常见的退行现象。孩子之所以有这些类似表现，往往被认为是一种用于自我防止焦虑的防御机制。也就是说，当孩子处于失败、焦虑、应激等状态时，就会丧失之前原本已掌握的应对问题的方式，而退行至早期生活中的某种行为方式，以满足自己的某种期待或欲望。

不仅如此，父母还会发现，大宝时不时就会对二宝表现出一定的敌意，有时甚至会趁大人不注意而偷偷打骂二宝。一旦你发现了，肯定会又气又恼，甚至因此而惩罚大宝。在你的想象中，二宝的到来应该是一家人母慈子孝，兄友弟恭，其乐融融，而现实却是每天鸡飞狗跳，矛盾重重。

为什么二宝的到来会引发这么多问题？

一般来说，当有家长向我咨询生二孩的问题时，我都会这样答复他们：在经济条件允许、夫妻双方都认同等情况下，生二孩当然是个不错的考虑，但前提是一定要考虑大宝的感受，不要忽略了大宝在此阶段的心理需求。

在二宝没来之前，父母想象中的两个孩子之间的关系也许是手足情深，但当二宝真正到来，大宝却没有做好接受的准备时，很可能会出现很多让父母头疼的问题。而大宝之所以有种种"不尽人意"的表现，最主要的原因就在于他对二宝的到来充满了忧虑，担心父母对自己的爱被弟弟妹妹分走，担心父母不能再像以前那样陪伴自己。在任何一个孩子看来，另一个新生命的到来都是一种威胁和压力，尤其在早期的亲子关系中，如果母亲经常忽视孩子，对孩子缺乏耐心等，都会让孩子感到不安全。尽管这种感觉会随着他们逐渐长大而慢慢沉淀下来，而一旦有其他事件刺激了他的这种感觉，比如二宝的到来，就会成功激活大宝曾经不被爱、经常被忽视的伤痛和愤怒，但他们不会把自己的这种情绪投注到父母身上，于是便投注到比自己弱小的二宝身上。

那么，父亲如何平衡好两个孩子的关系，让两个宝贝友好相处呢？

在二宝没到来前，尽量与大宝建立安全型依恋关系

从心理学上来说，在对待父母生二孩、三孩等问题时，性格独立的孩子会比较容易接受，而过分依赖父母的孩子则恰恰相反。因为孩子是否独立或太过依赖父母，都与亲子依恋的类型息息相关。通常，安全型依恋的孩子会更加独立，自我价值的认同度也比较高，在与人相处中也比较自信。所以，即使父母再生一个宝宝，他仍然认为自己是值得父母爱的，也相信父母会继续爱自己，这种就属于安全型依恋，这种依恋关系也会逐渐平复他的焦虑情绪。

反之，如果孩子对父母是一种非安全型依恋，那么他就像一个没吃饱的孩子一样，时刻都想从父母那里索取爱，事事都想依赖父母。这种依恋关系归根结底，其实是孩子获得的爱和关注太少了，他很害怕失去，更害怕二宝的到来会完全夺走父母对自己的爱。所以，他们也会表现出过度的焦虑，以及对二宝的嫉妒和敌意。

要想避免这种情况出现，就要在二宝到来之前做好充足的准备，比如平时多花些时间和耐心陪伴大宝，陪大宝做一些游戏，或者与大宝讨论一下弟弟妹妹的事，请大宝给即将到来的弟弟妹妹取个可爱的名字，也可以让大宝参与到为弟弟妹妹准备物品的活动中，等等。通

过这种方式让大宝知道，他是家庭中很重要的一员，弟弟妹妹的很多事情都需要请他帮忙才能完成，从而提高大宝的价值感和对二宝到来的期待。

二宝到来后，一定要遵循长幼有序的原则，多关注大宝的情绪变化

大部分的家长在迎来二宝后，对大宝的关注都会减少，这也很容易引发大宝的退行性行为。但是，家长似乎不理解大宝为什么会出现这些行为，因此很容易对大宝发火，批评大宝。殊不知，父母的行为深深地伤害了大宝，不仅不会让大宝改掉一些不当的言行，反而会让大宝的不良情绪更加明显。

每次有家长向我反映大宝的这些问题时，我都会告诉他们，错的不是大宝，而是父母，因为父母搞错了家庭成员的序位问题。大宝原本就是排在二宝之前的，为什么现在却要求他事事让步呢？

要想让两个孩子和睦相处，真正做到手足情深，家长需要具备一定的智慧。这个智慧并不是一定要公平地对待两个孩子，而是不要有针对性地对待其中一个孩子。比如，大宝不小心弄翻了二宝的奶瓶，有些母亲立刻就会大声批评大宝："你怎么这么不小心，弄翻了妹妹的奶瓶！"这样的指责就会让大宝产生不满心理，他会想："都是因为这个妹妹，我才挨骂的！"

智慧的做法是先描述事实："我看到妹妹的奶瓶翻了，里面的奶洒了，妹妹没有奶喝了。"这会马上让大宝意识到自己的错误，内心产生

愧疚感；接着，你再提出解决问题的方法，比如"你愿意帮妹妹重新冲一瓶奶吗？"或者"我们再一起给妹妹冲一瓶奶吧，不然妹妹就要饿肚子了。"刚刚犯了错的大宝一听有办法弥补了，也会马上积极地帮忙；此时，父母也别忘了对大宝行为表示肯定："哇，哥哥去给妹妹冲奶了，哥哥真棒！"

通过类似的言行，大宝就能体会到父母对他的接纳和理解，允许他犯错和有情绪，并积极帮助他寻找解决问题、弥补错误的方法。这样一来，大宝内心因为做错事的恐惧也会消失，同时还容易产生一种责任感，以后也会更加小心地爱护弟弟妹妹的物品。

此外，在照顾二宝的过程中，也有意识地让大宝参与进来，让他们知道自己的重要性。在此过程中，父母也要经常夸奖大宝作为哥哥或姐姐的表现，比如"哥哥真是长大了，都会帮妹妹穿衣服了，真棒！""妹妹最喜欢跟姐姐玩了，都不要妈妈了。"另外，父母也可以多说说大宝作为哥哥或姐姐的"好处"，比如"你看看妹妹真小，都不能吃冰激凌，只能喝奶，哥哥就可以吃冰激凌。""姐姐能出去玩，弟弟只能待在家里，真可怜啊！"

这些方式都会让大宝感受到父母对自己的爱和关注，当孩子不再担心二宝会分走自己的爱时，他也会发自内心地接纳自己的弟弟妹妹，并且不再把他们当成是竞争者、掠夺者，而是陪伴自己成长的好伙伴，是手足情深的亲人。

5

重组家庭如何升温亲子关系？

随着现代家庭中离婚率的上升，重组家庭也相应地越来越多。重组家庭的家庭结构和家庭序位问题要比初婚家庭复杂得多，家庭成员之间的关系也更微妙，所面临的挑战也更多。

首先，重组家庭中的家庭成员此前缺乏共同的生活经历，也没有彼此认同的为人处世的方式，甚至可能有不同的生活习惯、不同的家庭成员的互动模式等，并且很多人此前还经历过一些婚姻中的痛苦和失落，这就使家庭中的每位成员在进入重组家庭之前，都必须具有充分的心理准备和足够的包容心，能够从内心接纳对方和对方的子女。

其次，重组家庭中的孩子可能还未走出之前家庭破碎带来的痛苦，一方面，他们不得不离开与自己生活了很长时间的亲人，另一方面，他们又被迫接受一个新的、陌生的家庭，以及陌生的家庭成员，接受另一个陌生的男人或女人成为自己的新爸爸或新妈妈。这些都会对孩子的心理产生很大的冲击，孩子也会经历一个由悲伤、痛苦、反抗到被迫接纳的痛苦过程。

所以，重组家庭的婚姻双方不仅要适应自己的新伴侣，还要适应伴侣带来的子女，这种关系既微妙又敏感，如果你没有足够的心理准备，恐怕很难应付。

当然，重组家庭虽然比初婚家庭更难经营，你也不必"谈再婚而色变"。只要真心尊重家庭中的每一位成员，重视每一位家庭成员的存在感，更重要的是，调整好再婚家庭中成员间的序位问题，重组家庭也同样能拥有幸福，亲子关系也一样可以融洽、和谐。

那么在重组家庭中，我们该怎样摆正家庭成员间的序位，实现与伴侣、与自己的亲生子女、与继子女之间的和谐相处呢？在我看来，你需要注意以下两点。

前一段关系中的孩子，在家庭序位中要优先于现在的伴侣

我们之前一直强调，在家庭中，夫妻关系要优先于与孩子之间的关系，但这是在原生家庭中。在重组家庭中，丈夫和妻子前段关系中的孩子，是在双方新的夫妻关系之前就存在的，从这个意义上来说，孩子在家庭中的序位也应该优先于夫妻关系。当然，夫妻关系在家庭中是独一无二的，你不能因为孩子而影响到与伴侣之间的关系，但从心理上来说，你们中的任何一方都会将孩子的序位摆放在现在伴侣之前，这一点你们应该都能理解。

所以，在接受一些重组家庭关于夫妻关系、亲子关系的咨询时，我都会提醒他们，一定要先在心理上承认这个序位排列。当你的丈夫或妻子关心他（她）和前任的孩子时，如果你对他（她）说："我是你的老婆（老公），是你的伴侣，我们的关系才是第一位的，然后才是孩子。"那么你们之间很容易爆发冲突。你必须承认，他（她）的孩子是先来的，然后才是你的到来，对方的孩子在这方面是优先于你的。遇

到问题或冲突时，对方也会先关注他（她）的孩子，其次才是你，如果你认同并接纳这一点，对方的心才更容易转向你。

同时，你也要让你的妻子或丈夫带来的孩子明白，你只是孩子母亲或父亲的伴侣，孩子的亲生父母在任何时候都可以先关注他，而不必是你。也就是说，你不会试图切断孩子与他亲生父母之间的连接，更不会在孩子面前诋毁他的亲生父母，孩子的亲生父母在你这里是不会被驱逐的。父母的对错，孩子懂事后心里自然会很清楚，不需要你来言说评价。你尊重孩子，尊重他的父母，孩子自然也会尊重你。

在重组家庭中，最怕其中一方抱有这种心理：我对你的孩子好，你的孩子也必须对我好、对我感恩。这是不可取的，虽然你对孩子的好可能会换来孩子对你的好和感恩，但这并不是最终目的。我们是为了整个家庭的和睦幸福，为了孩子的健康成长，只有抱有这样的心态，接纳孩子与他前一个家庭之间的连接，理解孩子因为家庭变故而遭受的创伤，并愿意用你的真心去抚平孩子的伤痛，你与孩子之间才更容易建立起融洽、亲密的关系，家庭成员之间相处起来才更和谐。

这也提醒我们，在重组家庭中，我们不能对自己的现任伴侣提出任何"必须照顾自己孩子、必须对自己孩子好"的要求。如果对方出于爱而主动照顾、疼爱这个孩子，那是这个家庭的幸运。

重组家庭后出生的孩子，家庭序位也需排在前一段关系中孩子的后面

一些人在重组家庭后会再生育子女，这就出现新的家庭序位问

题。有些家庭在新成员到来之后，立刻就减少了对前任子女的关注，甚至觉得前任的子女是多余的。这种情况现在也比较常见，我们经常会在网络上看到，一些再婚家庭中的夫妻有了共同的孩子后，就会把全部的爱给了新到来的孩子，而忽略、冷落了前一段关系中留下来的孩子，给这些孩子留下了严重的心理阴影。

这是一种很糟糕的现象，对孩子的身心伤害不言而喻。事实上，如果想家庭和谐，孩子健康成长，就要将新出生的孩子的序位排后，因为他们是家庭的后来者，而前一段关系中的孩子才是先来的。虽然这可能接受起来有些困难，尤其是面对继子女时，你也许很难将他在家庭中的序位摆在自己的亲生孩子前面，但我们可以换位思考一下：如果你亲生的孩子因为家庭变故而不得不重新进入一个新的家庭，你是否也希望他能被新家庭温柔以待？希望他的新家庭能真正接纳他、给他温暖和关注？将心比心的话，这个问题就很容易解决了。

所以，当我们厘清了重组家庭中的这个序位时，你就会发现，重组家庭中的每个人都应该有自己的位置。当大家都能摆正自己的位置，做好自己的事时，新的家庭结构才能真正地建立起来。而随着彼此的相处和情感的培养，你与继子女之间的亲子关系也会慢慢升温，并逐渐形成一种健康、亲密的依恋关系。